所有的生命必須懂得來到當世的重點，人所要進化的唯一目標——

與自己生命對話

陳炳宏◎著

博客思出版社

生命洗滌的眼淚

認識陳老師是我人生當中最大且最重要的轉捩點，對於一個像我這樣渴望生命清楚的人而言，陳老師無異是最佳的引領者，他引領人恢復生命清楚的方式沒有任何的預設，也沒有任何特定的方法，完全由本心而出，以他清明的覺受與觀照力來提點，至於對方接不接納，他則完全尊重。

因為他主張人應放下慣性、解除覆蓋，才有可能恢復生命本然的自性，而人太多的識性又是無量劫來累積的結果，是覆蓋最重的，也是最難以放下的，所以，他的所有內涵幾乎都是引領人通往解除識性慣性覆蓋的方向，就連文字的表達也是這樣。

現在這個世代，我們所接觸的一切媒體，包括文字、圖像、電視電影、音樂……，幾乎都有某種很深的情境在裡面，讓看的人往情境裡面跳，用那種所謂「感動人心」的故事和言語牽動著讀者、視聽者的心，而這種方式現代人已經非常習以為

常了，習慣到不精彩、不刺激、或不感人的就覺得很無聊。其實，這才是最可怕的，因為，這種方式無法讓人解脫，反而更讓人輪迴糾纏在識性的情境裡面而不自知，或許，剛開始會帶來一些激勵或啟發，但時間過去了，人又會回到自己的老慣性之下，沒有任何改變。讀者、視聽者所跳進去的是作者或編者所編織出來的假象情境和他們意識型態的網，無助於人們反觀自身生命的問題所在進而放下自己的慣性與識性，人們帶著自己已經累劫沉重的識性與意識型態還不夠，又跳進了別人所編織出來的識性之網，覆蓋之重，也難怪人類無量劫的輪迴，到現在能夠真正成就生命清楚、恢復本然自性的人卻是少之又少。

陳老師很清楚的知道人類的問題出在哪裡，所以，他的文章內涵從來不會編織任何故事，也沒有設計什麼情境，不但如此，他的詩文是把讀者從情境中拉出來，出離情境，放下識性，以不落入的角度重新看待自己的生命與現在所處的世界，這樣，人類才能有機會真正的解脫。

當我第一次看到他的詩文時，看似簡單無奇，但我卻有些不知如何切入，因為實在與現在我們所習慣的主流文章表達方式太不一樣了，先不談他有些完全類似文言文的那些文字圖騰，更不談簡直像咒語一樣的天書，這次他出版的這本《與自己生命對話》，我在一年多前第一次看的時候，有部份內容我是沒什麼特別覺受的，不太能理解他為什麼這樣寫，對於他所謂的「非以識性頭惱閱讀，而以內在覺受納入」我也時常不知如何納入，我只知道不能以現在世界的一般主流方式來看待他所有的內容，但卻又沒有辦法抓住讀他內涵的要領，有點不知所措。

經過與他共處一段期間之後的某天，我突發奇想，不單只用看的，而慢慢的唸出來，非常奇怪的是，在唸的同時，我心中竟有一絲悲的覺受湧動出來，而且眼淚居然不聽使喚的流下來；另有一篇雖然簡短但我覺得非常犀利、直指世人問題的內容，一剛開始我覺得實在很過癮，心裡想：「講得太好了」，但我一旦將往外的箭頭收回來對向自己時，眼淚卻開始奔流不止。

第一次的眼淚，是我在經過一年多由他引領漸漸放下慣性、解除識性之後，能隱約覺受到虛空中世代靈魂體整體的悲，一種想轉化卻難以放下、想提昇卻更加沉淪的靈魂的悲鳴，因感同身受而由內在湧動出來一種悲的覺受；第二次的眼淚，是當我警覺到不能往外的時候，我的內在相應於我的意會，而自發性引動出來的一種生命自我洗滌的眼淚，是生命最深的懺悔與解脫的意志，更是生命不圓滿之處的提點與沉澱深化的方向。

這二種眼淚無關於任何落入情境之後所被牽動出來的哀傷，也絕非顧影自憐的情緒陷溺，而是跳脫情境，放下識性，以內在那個清明的自己覺受自身生命不圓滿之處而自發性洗滌通往清明清淨方向、解除覆蓋的「生命洗滌的眼淚」，這種淚水不是一般的淚水，而是人開始通往解脫方向時，由內在震盪出自身被照見並解除覆蓋的洗刷，是彌足珍貴的淚水，同時也是了義內在提點而散發出來的生命喜悅。

有了這兩次經驗，我對陳老師所講的「不往外」、「不落入」、「觀自在——觀自己問題之所在」、「以內在覺受納入」才能真正開始意會到其意義是什麼，也才知道他為什麼會說他的詩文可以將人從情境中拉出來，以及他所說的：他的詩文內涵是以覺受來納入當代時空的磁場與能量所寫下來的，而不是編造出來的故事情境。他以覺受而不以識性來寫所有的詩文，是以感同但卻身不承受的大悲心而納入當世時空的能量與磁場，相應而轉換成的文字圖騰。

他的詩文裡面，有著肉身所無法看得到的磁場與能量，人類的存在存有是有很多層次的，不單只有一具肉身，是同時有形與無形並存的存在，因此，若只以識性或文字的表面來閱讀陳老師的所有文字圖騰是收獲很有限的，可能仍有某種意會，但只能到某種層次而已，唯有當放下識性到一定的厚度，就是他常說的「思議不可——戒，可不思議——定」的功夫有了某種基礎，才能開始進入所謂「不可思議——慧」的文章內涵。

與這一本書的內容對話，能夠令人感受到就像跟自己內在生命對話一樣，越覺受這一本書的內容，越能放掉自己心中的包袱，越能夠感動自己內在的本質，這是這一本《與自己生命對話》的特殊性，也是跟其它書不一樣的地方。

各位，你有多久沒有與自己內在的生命對話呢？又有多久沒有嚐到生命洗滌之淚的鹹味呢？

生命洗滌的眼淚

阿媞

迎接生命自主 不可思議的殊勝內涵

寂靜到深處，無可閱讀之書，無可說話之人。

機緣使然，完全陌生的我們坐下來面對面，不問彼此的表象來歷。我對炳宏說，國家圖書館收藏你三百本著作，對現在的我而言，意義並不在這裡，若彼此能相應的對談幾句，那你就是我要交集的人，以此確定。

我們談了三個小時。

接下來的三天。

接下來的三年。

我的出生、教育、就業、成家都在世界可以理解的軌跡，有幸福的婚姻和成功的事業，足以明哲保身到終老。但是老天不答應，更正確的說，自己的內在願力不允許

此生如此虛度。

父親驟然的生死，開啟內在生命全然的面對，往外彰顯事業的觸角全部斬斷。第一年大量閱讀身心靈、生死學的書籍追求答案；第二年快速穿越催眠、彩油、曼陀羅繪畫的療癒洗禮；第三年，奇蹟課程引導，進入更深的內化；比起瞬間的法喜，寂靜無量無邊。

然後我迎來生命自主不可思議的殊勝內涵。

我與炳宏對應的主軸，以智慧為談話的前提，以智慧為閱讀的前提，生活中的每一次應對，每一絲心念，都回歸到最根本的初衷。炳宏這一本《與自己生命對話》也是以這樣的基調形成的。

歷經幾年的表象荒蕪，在彼此不斷互動與深化之後，看不見的內在，進行徹底更新的偉大工程，生命的有機土壤，如今長出嫩綠枝芽，不預設的前進已經啟動。

有關這一切我自身生命的恢復，在關鍵過程中，任何順向逆向的法緣，我都鄭重頂禮致謝。

日常中我與炳宏亦師亦友自然相處，並不拘泥型式。

這幾年週遭的人事物對我內在的進展未必能理解，一時言語難辯，唯獨先生封爵始終守候我的生命自主之路，謹此致上我的最深的愛與感謝。

張端筠

讓我們與自己生命對話吧

所有的生命必須懂得來到當世的重點，人所要進化的唯一目標，就是與自己的生命對話。

第一個層次就是，透過自己的心念跟自己內在生命最深的本質對話，中間所有的覆蓋都要逐一去解除，也要能夠了義內在的提點，更重要的是，相應於內在的生命對話也會根本性的變革自己身體的經絡輪脈與對生命的見解。

第二個層次就是，人要有這樣的知見——在生活的進行中對應的所有人事物都等同在跟自己的生命對話，這樣子的格局，將會令自己在無常的滾滾紅塵中解除所有生命的分別，打破所有生命的慣性，轉化所有存在的苦難，湧動所有生命深層的內涵，叩問生命於生活中的一切，以無常見如來，在輪迴的慣性中恢復生命不可思議的永生永世的永恆。

與自己的生命對話，所要對話的就是解除所有識性的慣性軌跡，人類不能夠停留在相對性的表象世界，一直在言說與生命無關的、不斷往外的表達模式，人要與自己的生命透過生活展開一場空前的人性自我革命，讓生命開演「互為世間尊重，互為自主」的生命之路。

所以，人一生的身口意、生活中所行過的一切都在進行與自己生命對話的路，讓我們因為有能力與自己生命的本質相應的對話，而走上自己人生的莊嚴之路。

這就是為什麼形成這一本書《與自己生命對話》的重點所在，當整個大環境都已經習慣以識性的思議與表象來解讀人世間一切的時候，在這個特別的時刻，這一本《與自己生命對話》的出版，由生命的本心、人性的初衷湧動而出的內涵，相信能在識性的文字圖騰之外，提供人們充滿感應感動感恩感念的、不可思議的、相應於每一個人在生活中所最需要的與自己生命本質的交流與交會。

這是一本深遠的「生命契入之書」，把自己更深層的氣質、品味、潛能、神祕、未知的自己都能夠對應出來的一本書，請拿這一本書與自己的生命對話，你將會驚覺到，今生今世的你因為透過這一本《與自己生命對話》而開始與另一個不可思議的永生永世的內在的自己開始互動生命的對話。

陳炳宏

目錄

推薦序一　生命洗滌的眼淚……002
推薦序二　迎接生命自主不可思議的殊勝內涵……008
自序　讓我們與自己生命對話吧……011

PART I 叩問生命

1. 生命的枷鎖……024
2. 尋覓……024
3. 訴說……025
4. 文明……025
5. 誤以為……026
6. 獨白……027
7. 企求……028
8. 流金歲月……029
9. 把酒叩問……030
10. 靜坐……031
11. 千載風雲……032
12. 詩……032
13. 獨行者……033
14. 落拓……034
15. 哭泣之一……035

16. 哭泣之二⋯036
17. 如果⋯037
18. 感覺⋯038
19. 冷漠⋯038
20. 依托⋯039
21. 歌⋯040
22. 沉默⋯041
23. 真想⋯042
24. 叩問生命之一⋯043
25. 叩問生命之二⋯044
26. 我的寂寞⋯045
27. 留不住⋯045
28. 有愛⋯046
29. 溝通⋯047
30. 起跑點⋯048
31. 生命美詩⋯049
32. 秋季的午後⋯050
33. 若不是⋯051
34. 不理會⋯052
35. 綁架⋯053
36. 不能相信⋯054
37. 生命成就之一⋯054
38. 生命成就之二⋯055
39. 微笑⋯056
40. 夜晚⋯056
41. 答案⋯057
42. 生命⋯058
43. 今夜⋯058
44. 存在之一⋯059
45. 存在之二⋯060
46. 虛幻⋯061
47. 無名的年代⋯062
48. 傻勁⋯063
49. 心緒⋯064
50. 燈火⋯065
51. 冷寂的街⋯065
52. 黑暗之一⋯066
53. 黑暗之二⋯067
54. 買賣⋯067

55. 知音……068
56. 祈求……068
57. 心靈的力量……069
58. 忘了自己之一……070
59. 忘了自己之二……070
60. 生疏的地方……071
61. 第一個假設……072
62 方向之一……073
63. 方向之二……074
64. 孤寂……075
65. 懷疑……076
66. 為真理而生……077
67. 靈性的極致……078
68. 探問自我之一……079
69. 探問自我之二……080
70. 探問自我之三……081
71. 孤獨之一……081
72. 孤獨之二……082
73. 孤獨之三……083
74. 孤獨之四……083
75. 孤獨之五……084
76. 孤獨之六……084
77. 孤獨之七……085
78. 關心……087
79. 答案……088
80. 改革之一……089
81. 改革之二……090
82. 解答……091
83. 從自己開始……092
84. 沒有必要的……093
85. 與自己對話之一……094
86. 與自己對話之二……095
87. 唯一的路……096
88. 自作自受……097
89. 逃脫……098
90. 追尋自己之一……099
91. 追尋自己之二……100
92. 等候自己……100
93. 請給……101

94. 擴大視野……102
95. 平凡……103
96. 安寧……104
97. 交會……105
98. 權威……106
99. 逃避……107
100. 偽裝……108
101. 變動……109
102. 放下……110
103. 我之一……111
104. 我之二……112
105. 逆向思考……113
106. 假象……114
107. 生命的可悲……115
108. 尊重……116
109. 理解生命之一……116
110. 理解生命之二……117
111. 理解生命之三……118
112. 真性情……118
113. 不安……118
114. 死亡……119
115. 生與死……119
116. 品味……120
117. 存在的價值……120
118. 夢……121
119. 偉大的心靈之一……121
120. 偉大的心靈之二……121
121. 時間的終點……122
122. 光明與黑暗……122
123. 真理的故鄉……123
124. 神秘的力量……123
125. 生命問題……124
126. 生命格調……125
127. 悲劇……125
128. 生活思考……126
129. 真理之一……127
130. 真理之二……127
131. 命運……128
132. 罪……128

133. 無知⋮129
134. 自性⋮129
135. 死了的歲月之一⋮130
136. 死了的歲月之二⋮130
137. 幻象之一⋮131
138. 幻象之二⋮131
139. 害怕⋮132
140. 生命的歲月⋮132
141. 自己之一⋮133
142. 自己之二⋮133
143. 明白⋮134
144. 向一切處張望⋮134
145. 總要走下去⋮134
146. 對自己的了解⋮135
147. 限制⋮136
148. 一隻螞蟻⋮137
149. 深沉⋮137
150. 牽掛⋮138
151. 質變⋮139
125. 自尊⋮140
153. 看清⋮142
154. 真實⋮144
155. 認知⋮145
156. 最後的清醒⋮146
157. 路⋮148
158. 選擇成為真正的自己⋮150
159. 生命的本然⋮152

PART II 語世間

1. 生活之一⋮156
2. 生活之二⋮156
3. 奴隸⋮156
4. 先知⋮157
5. 神佛⋮158
6. 路之一⋮159
7. 路之二⋮160
8. 忙碌⋮161
9. 無知之一⋮162
10. 無知之二⋮162

目錄

11. 貪婪……163
12. 現世……164
13. 無根年代……165
14. 生命……166
15. 克服與超越……167
16. 愛……167
17. 塵世……168
18. 悲哀……169
19. 醜陋……170
20. 人生路……170
21. 旅人之一……171
22. 旅人之二……173
23. 追尋……174
24. 人生……175
25. 相逢……176
26. 改變之一……177
27. 改變之二……178
28. 面具……179
29. 歌……180
30. 命運……181
31. 真相大白……182
32. 迎刃而解……183
33. 難免……184
34. 變局……185
35. 一念之間……186
36. 唯一的……187
37. 工作之一……188
38. 工作之二……189
39. 工作之三……189
40. 活在現代……191
41. 現代人之一……192
42. 現代人之二……193
43. 現代人之三……193
44. 現代人之四……194
45. 超然……195
46. 合法化……195
47. 算計……196
48. 各種的劇碼……196
49. 街頭文化……197

50. 機會……199
51. 情緒……200
52. 是非……202
53. 退路……205
54. 人世塵封……207
55. 意識型態……208
56. 無法自在……210

PART III

訴衷情

1. 漂泊……214
2. 佔據……214
3. 滄桑……215
4. 剎那……215
5. 愛情……216
6. 擁抱……216
7. 珍惜……217
8. 打擊……218
9. 愛之一……219
10. 愛之二……220
11. 愛之三……220
12. 愛之四……220
13. 愛之五……221
14. 愛之六……222
15. 愛之七……223
16. 愛之八……224
17. 愛之九……224
18. 愛之十……225
19. 後悔……225
20. 孤單……226
21. 思念……227
22. 不變的守候……227
23. 情境……228
24. 婚姻……229
25. 相愛……230
26. 愛情……230
27. 世間情……231
28. 把愛找回來……232
29. 真愛……232
30. 思念的輪迴……233

31. 前世的錯誤……234

目錄

PART

I

叩問生命

生命的枷鎖

生命的枷鎖就是你心中的
自己
當你希望跟你所未知的世界交集時
你已茫然無存於
天際。

尋覓

世界依舊如詩如畫
可嘆窗外隆隆車聲打斷我生命省思
何處尋覓清淨時節
禪之於現在、寥寥可數的孤單

何處是我滄桑的
人家。

訴說

黎明與黃昏
太陽在一幅畫裡訴說生命清淨情境
所有試圖解說太陽的偉大事蹟者
皆已在歷史塵埃中
落幕。

文明

採取哪一種態度生存

與你與我與他與一切生命必然的走向
黑色筆調白色死亡的意識文字
文明是一種遊戲
寫上生命的清亮與高節

誤以為

誤以為夢醒的世界充滿陽光
誤以為讓世界更美的
夢
勢必在種族歧視瓦解後的相互擁抱
實現
誤以為的希望總在歷史背後附加一句

獨白

（假如這是真的？）

稿紙上有一張莫名其妙的臉
臉色難看
稿紙銀白如鏡
作者是無聊如我
請把一生的破滅一字一句留白。
音樂騰空而起
日月有意顛倒人心
是與非的紛爭乍然降落世間
形勢緊迫著無形生命型態

質問先聖先賢有何解救良策
而答案　是風中徐徐飄落的
秋瑟。

企求

冥想起窗外時有大雨故意紛飛的想念
某種靈界未知的無形
企求心靈整頓的時機
是否打破時與空的交會
於生命盡頭乍然清淨一生
親愛的生命　請於日夜停止運轉之時
再把企求的想念

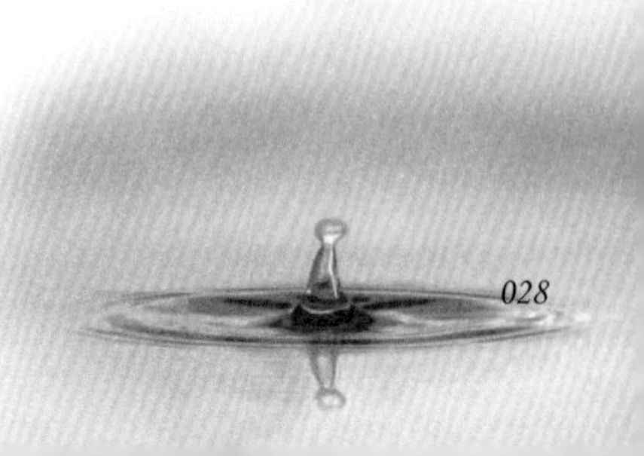

打散宇宙無盡的季節。

流金歲月

之所以深愛清談生活中人物
人物自甘墮落於敢愛敢恨之間
請把愛的大門往人的無奈之處深鎖
為了有所真正等待的可能
或許　人物早已隨處呈現敗壞
懇求黑暗處點滴記事
自然轉化為人生光明面上的
流金歲月。

把酒叩問

是否習於等待者容易獲得愛情勝利
古往今來得勝於沙場者
皆已拜倒石榴裙下
唯獨飲者一如往昔不變的把持清醒
醉酒而後美人　而後
家國天下盡付滾滾紅塵
古典星空明照今晚古典的我
唉嘆幾聲沒有回應的深沉之夜
希望瀕臨破滅
即將到來生命考驗業已感知
於幾許傷愁　如何打發生命傷痛
親愛知交好友　把酒今夜

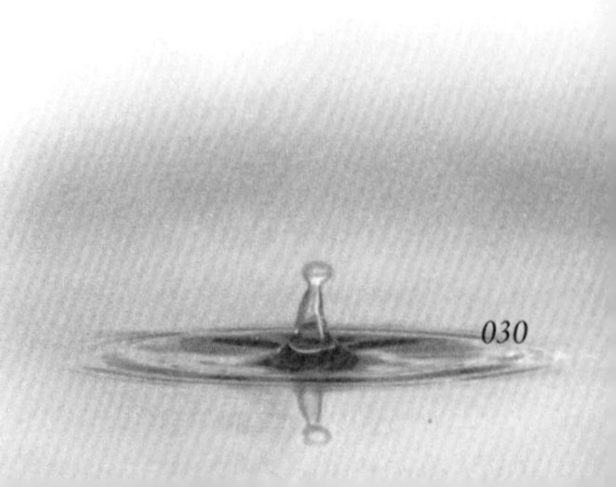

把尚存的宇宙深處盡挖眼底。

靜坐

草蓆上你端然靜坐
生命的無奈爬滿全身
落拓整夜如你一身的生死
不自在的糾纏自己
「該往何處尋找陌生的自己！」
端然靜坐
審視　茫然也是無妨的淒美
自在落於強調更是束縛生死
既已端然靜坐且把

身心安然。

千載風雲

窗外是否有藍天
仰望的天際擺不出一張笑臉
自有歷史人類的天空風雲免不了變色
俯看人類春風千載的變動
天際擺不出一張彩色笑臉
黑白顛倒之際
人心必是散渙到底。

詩

詩　悲劇的總和
不免強調情操之美
不免激情過後
女人仍然是詩中被征服的大地。
破繭而出是為了有所等待
當死亡早已悄悄化妝
無盡生命開始掙扎
所有的等待以死亡造就新生。

獨行者

獨行者了悟生命絕不能陷溺
然而該如何走出康莊大道

大海雖然壯闊仍不免令人擔憂不已
到底獨行者的了悟是
自渡或渡他
灰濛濛天際
歸航船隻飄向茫茫大海
終不知去處。

落拓

直到生命終歸落拓
海邊留有孤獨腳印
我擁抱生命卻在海的家鄉流浪
該前往的時刻遲疑不決

生命直到落拓的時節
人望向的天涯盡處　月兒哭泣。

哭泣之一

生命總在哭泣之後
要求清楚與自在
每一次的哭泣
有著每一次生命最深訴求
答案沒有終結時
眼淚是生命不願無知的抗議
生命總在哭泣後
要求一種自然與安祥。

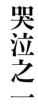

哭泣之二

我哭的好傷心
沒有任何理由的哭泣
活著的意義未能彰顯
人們彼此不以單純的心交往
心如同在漆黑中尋求不可能的自我
自己在黑暗的那個方位
幸福已是此生的不可能
還有幾人在自己的人生中
堅持自己
世紀是一條通往自己的不歸路

如果

如果
跟隨生命的方向失錯
最累的心永遠迷失在人世
如果
生命誠意不夠
以為人世是生命安置最好地方
如果
生命有所妥協
不安與恐懼總在身後窺伺
如果
生命是沒有如果的。

感覺

最愛感覺的人
最沉溺的心情偽裝
世界沒有可以等候的生命妥協
除了放棄
完成生命的必然
最愛感覺的人
總愛在生死之間打轉美是什麼。

冷漠

回途路中
小雨有意落下傷心的離情

生命唯一的感覺
徒留冷漠
即將到來的歲月
憑什麼承擔來路
現在的凄寒
猶如風中灑落的
冷冽。

依托

生命沒有親愛的伴侶可依托
世界之所以有男女
世間之所以恩怨無常

必有寄望失落之後的體會
生命依托何處
日與月誰依附於誰
白天永遠與黑夜誓不兩立
有情之人愛歸何處
生命的擁抱是依托自己最後的希望。

歌

歌發自生命最深的感動
歌者可以是大自然
歌的內容
允許一切對錯

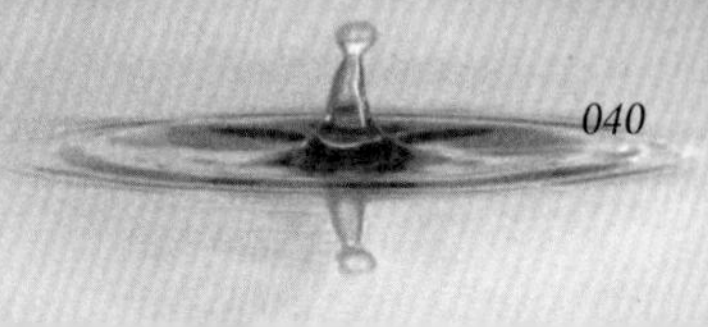

沉默

生命既到了決定時刻
該往前的一刻也不容停留
一切該自己選擇
因為生命都已明白
當都在預定中時
生命已無話可說。

動筆的心哀慟欲絕
生命的最後該怎麼做心中都已明白
真的已無話可說
沉默是目前自然的寫照

解釋是多餘
迎接未來的心情只有平靜
是否審判已在進行
今夜　天地之間尚可形容我此刻心境的
再也沒有。

真想

真想
就在今夕一覺睡到天地消失
真想
真想放掉生命集於一身的想念
也許路已封死

叩問生命之一

前進與後退並無差別
愛我的人早都散落
世界容不下智慧的我
真想
一睡到永遠。

載也載不動的無奈
生命於你是一身的自以為是
大自然所有警語
生活甘於苦悶
生命早已未能自在

秋天提早到臨
生死之事請問你如何安頓。

叩問生命之二

我還是不死心
不管尋求一種答案
到底要花多少的世代
時間無價
生命卻沒有時間再等候
我必然不會死心
不管日子要流失多少
安置自己的心

要花多少的世代
我仍然要為生命的清楚而活

我的寂寞

我的寂寞
不願結束一場遊戲的夢境
是醒著的迷失
是睡著了的清晰。

留不住

留不住的是往事是前塵
歲月裡頭的美麗沒有自己

有愛

已不再相信所有言說
曾經最愛的如今最恨
曾經擁抱過的
竟會如斯痛楚
留不住美麗的過往雲煙
即使走在一條陌名的街道
心痛是自然的影子伴隨
今後人生
將開往何處。

有愛在今朝

溝通

溝通的目的希望有滿分的答案

呈現在你我溫柔的心情底下
有愛在當下
沒有不能走過的人生歲月
當生命已有肯定
自己人生去向必然自在
何時暢飲天地
何時高飲自然
一切盡在不言中
自然通行。

獨立自主的生命仍需探討交融成一體的可能
曾經滄海難為水
世間沒有不能改變的事實
變動目前是時代流行潮流趨勢
總要在選擇之前
看清楚相關事誼
親愛的人生不必再有對立
直到永遠。

起跑點

終於開展
起跑點上終究有所等候

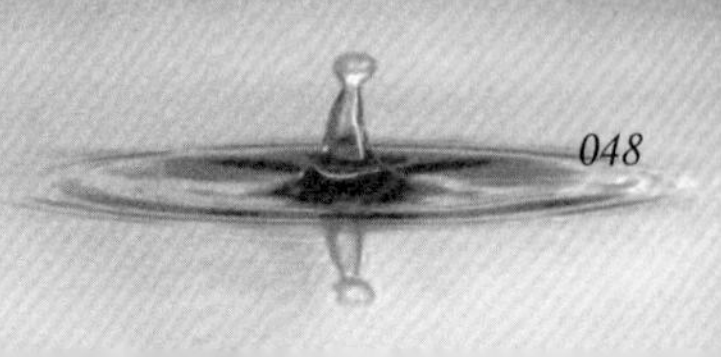

等候槍聲響起
等候終點會是何種結局
起跑點上我不是唯一即將出發的人
終於展開對決
結局總是出乎人意料之外。

生命美詩

企求寫出一種詩的節奏
無須藉助外緣
心靈的流暢蠕動世界所有人心
與我共享當下歡愉
縱使悲歡離合

也在剎那間完成
企求突破語言限制
唯有心靈的自然
生命呈現前所未有大徹大悟
慈悲為懷歡喜的創造新文學
走出另一種生命美詩。

秋季的午後

午後的秋季
喝一口烏龍茶
一份偷來的閒情逸致
午後秋季已有些涼意

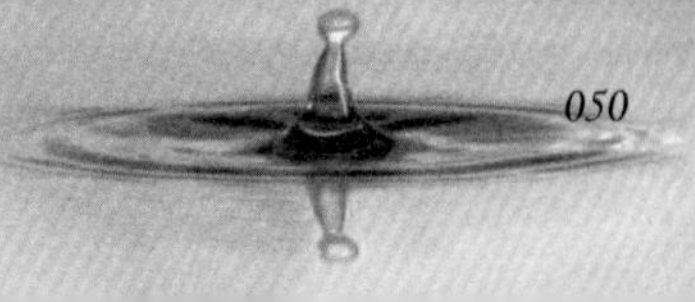

若不是

人們身上多了些外衣
孩童嬉嚷
會是誰在秋季午後想念人生
是你無聊的情境
展開不協調的午後秋季
發騷的詩語。

若不是你　等候何至於落空
若不是命運
相信擁抱世界不至於這麼痛楚
如果　生命能不長大

如果　生命能再回頭
重新再來的我
必然粉碎現世對理想的
過度摧殘。

不理會

故意不理會生命的警戒
隨性自己的情緒
走到那裡任性到那裡
天涯莫不在近處
故意放任心靈的一切
不願理會滿天星子的眼淚

綁架

我決意不回首
隨性自己伸展所有時空
不管對與錯
歲月是否最後的賭注。

綁架突然在社會流行
誰家的人物先遭不測
國人紛紛猜測
贖款倍長
警方疲於奔命
所有的人最後自己綁架自己。

不能相信

不能相信前一分鐘的情緒是你
不能相信後一分鐘的感覺是我
生命失落自足的感覺
人生注定飄泊
捕捉念頭的流動
專注已是奢侈。

生命成就之一

不用等候我的生命何時成就
或許　生命成就
是一件不可能辦到的想法

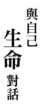

曾經生命是一灘死水
今日的世界何嘗不是盲然
世人皆醉的世代
唯有獨醒的人最難面對
生命不免要等候
與一切人一起完成終究的生命。

生命成就之二

生命要成就一切屬於生命無上光明過程，
總無可避免的非歷經一切生命的苦難。

微笑

微笑的臉稍稍將希望呈現
我有一份不願再回首的衝動
總是感覺回首的想法並不實際
微笑背後堆積多少心傷
窗外的雨是誰的眼淚控訴不平
來去之間挽留都是多餘
當希望呈現世界同時
落空。

夜晚

夜晚容易令人沉醉

答案

黃昏的景色容易令人迷惘
生命與生命越來越遠
黑白之間一切色彩越來越淡
痛苦竟也爽快
一個令人搞不懂的夜晚。

我們要飛到世界盡頭了解
這個世界的真面目是什麼
生命之所以來之所以去的意圖不明
我們必須飛翔
飛到真理面前尋問

既有天地生成萬物
既有星空為何生命沉淪無限
變幻間必然有為人不知的答案
我們要飛翔
直到生命來去得到應有安頓。

生命

生命絕非來自跟隨
生命來自捫心自問的緣起。

今夜

今夜何人有生命傷痕的痕跡

掩飾了自己生命的缺失
為的只是人生一時安樂
今夜何人把生命問題交給他人
別以為自己的人生是可以留白
今夜的星子就是妳自己的良知
恐怕今夜是妳不眠的夜晚。

存在之一

妳的存在就是問題
妳的工作
就是妳人生留下的生命線索
你到那裡尋問有關生命的答案

除了妳自己的不願面對外
這個世界已是沒有自我的存在。

存在之二

假如，此刻我們預設自己活在一種徹底的空虛與絕望中時。
相信，當一切人身處在如此絕境中，
人才會想到一切屬於生命的事嗎？
那實在是人無法形容的一種悲哀。

有時生活在當下的一個過程，會是人一生中的一切。
問題在於人是否能在當下體會。
當下，往往可以是無限的；端看人怎麼去理會自己的時空。

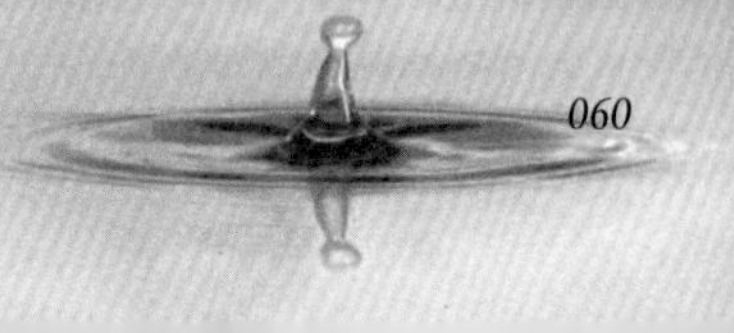

虛幻

每一個存在點本身可以是不一的，
在於存在本身的無始無終。

虛幻一場
也是人生的唯美
太多的生活是一種虛幻
而人們以此為真
人們以此作為存在的真理
人們不再是人們自己
虛幻的主角。

無名的年代

久遠的時候
人們每一天用心靈去生活
大自然沒有名稱
人們不必有自己的名
是什麼意外
世界突然改變了他自己原先的主意
開始有自己的名
人們也淪落在
語言與非語言之間
而無名的年代
已是久遠的時候

傻勁

這是什麼傻勁啊！
花園的園丁
努力的把世界的種子經營
直到開花結果的日子
那世界的傻子
仍用他改變世界的傻勁
讓每一個人
經營他自己心中的花園
直到自己的心
開花結果

心緒

心緒不寧的時辰
見不到街上來往的人
除了
耐不住寂寞的人
在趕一場夜晚市集
終究會有天明的時候
心緒還是不安恐懼
只好揭開人自己臉上面紗
在鏡子的對面
照亮自己心中
無法面對的
虛幻

燈火

燈火，燈火在哪裡呢？
用熊熊的渴望點燃心靈的祈求
為的是那宇宙的最後之愛
我不知道在一切盡處是否仍有那最後的先知，
燃一點生命的燈火
等候所有對自己生命遲到的人

冷寂的街

冷寂的街上
路人都忙著趕走自己的孤獨
而我唯一的朋友

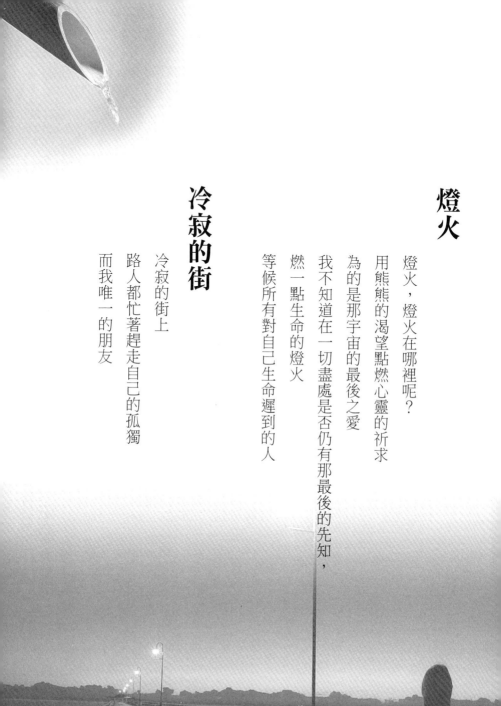

仍然沒有如約前來
冷寂的街上
最後，我只有把自己的孤獨再扛回家
繼續未完成的人生

黑暗之一

向黑暗中瞭望
試圖尋找一絲向光的可能
向黑暗借道
是否可有行進的棧道
如果摸索的途徑必經黑暗
我的朋友

大家一起向黑暗做直接的行進

黑暗之二

誰在黑暗中跟著我
我獨自去赴幽冥約會
途中到處可見人性的罪惡
誰在黑暗中跟著我
是不是我自己人性的地獄
要跟我去赴幽冥的債約

買賣

最後的買賣

買主買到了自己遺失了千萬年的良心

知音

吹出永恆的音樂
即使整個世界都已聾了
我仍是自己生命
唯一的知音

祈求

為了祈求得到允諾
既使無價之寶也願意放棄
於是靈魂緊緊擁抱他

給他最幸福的承諾
靈魂說：
去向自己的生命祈求吧
因為那是通往永恆唯一的路

心靈的力量

我心靈的力量
告訴我如何不在世界黑暗的一旁
獨自哭泣
我心靈的力量
從今起我拋棄世上的榮耀
為了找尋你

我心靈的力量
我不再當別人生命的玩偶
我生命的力量
我要用我的力量
召回我自己
心靈的力量

忘了自己之一

不要忙碌的把自己忘記了

忘了自己之二

這是一個沒有想像的年代。

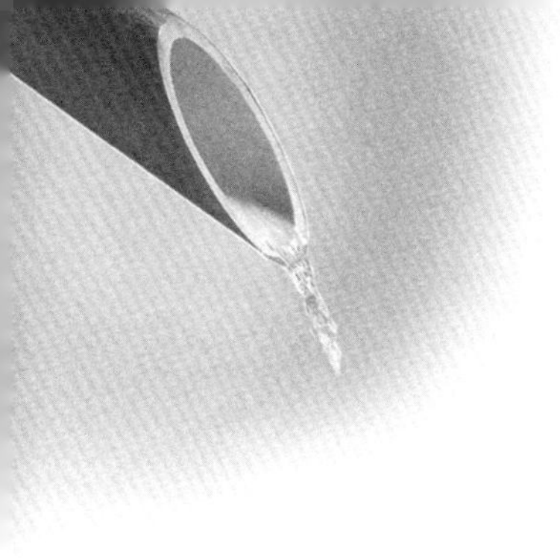

每一個人都在自己的生活空間留下別人的人格。
這是一個——每一個人習慣失落自己的年代。
人的情感是斷了線的風箏，當風起之時，
每一個人都忘了自己。

生疏的地方

他們準備到生疏的地方去
心如黑夜般的沉重
生疏的地方
自己心靈的幽冥界
是生還是死
總是生疏的地方

每一個人生下來
就用一生的時間
準備到這個生疏的地方去

第一個假設

第一個假設是否成立？
唯一的問題是：
釘死在生命枷鎖上的
是不是人自己生命的靈魂
請先回答
是或不是
這就是第一個假設是否成立的原因

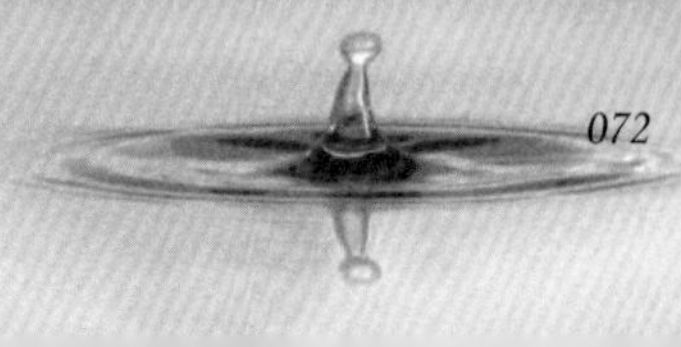

方向之一

你只需改變原先方向
整個人生的過程中
令誰也沒有選擇的方向
妳選定了入世的積極
心境卻如此淡泊
兩種極端卻顯得自在
真理不能說
智慧是多餘的理解
你只需自己調整步伐
世界改變了它原先所有的方向

方向之二

沒有一定的方向
只要有愛都可以前去
告別是一條路
開始是一條路
死亡是一條路
不要做生命之外的事
何事在生命之外
好奇的追隨一切
人生智慧明白顯示
我們今生的功課

孤寂

孤寂的夢境凝望不朽智慧的可能
妳是自己生命的棄嬰
無盡世代已過
屬於你的歲月仍舊昏黃
似乎，眼前一切註定不能改變
孤寂是唯一伴妳夢境的對象
夢境之外不必過於期待
你的心情網不住那份千年的迷茫
孤寂再孤寂
唯一的寫照是自己

懷疑

懷疑乃極自然之事
成長在懷疑中
迷失的路是人生的自然
懷疑同時
反省是回歸的通路
自己不禁要想
經歷懷疑的目的
任何的人生都可以度過
關於自家的人性
卻必須把所有的懷疑整合

為真理而生

難道有一種人
註定天生是生死於真理之中的生活
我們不能想像
存在本身只為真理而存有
真有這等人
以何種意志來到這個世界
若為應化一切苦厄
我們只能以想像回應
畢竟一切是否真實
唯有那人自己能知

靈性的極致

為尋求靈性的極致
我們打散了自己的既有
天生的孤寂
生活並未天真的去想像
倒是智慧一事
不用追求
心靈自然會自己對話
我只能如此回答
靈性的極致
是自我

探問自我之一

多少年來我一直的探問
到底要如何活下去
每一個人的生活
在我眼底竟變成為自己哭泣的眼淚
有人註定天生孤寂
在享盡一切快樂之後
是否有人仔細深思
多少年過去了
單純的自己是否安在
多少年的自我探問—答案何在

探問自我之二

背負人生
擁有什麼
皆是無能為力
如詩如歌的心情
痛楚是另一種美
問我的人
我無我
我非我
自問於我
請人自問於自己的我

探問自我之三

每一個會在自己心中問自己的人，
那人必然會為自己的疑問去
尋求解答。
去尋求自己所不知的——
那就是人以具體的行動去愛自己的行為。

孤獨之一

真的，那人說路不能走
所有的人不相信
於是每一個人都選擇了
孤獨

真的，那人一生中說的每一句話都是真的
有人問那人
他的話來自那裡
那人直指自己說
那是來自心中的話
在體會孤獨之後

孤獨之二

孤獨是一種生命獨知的旋律。
只是，生命的存在是否能懂得，
那一份「孤獨」正是一切生命自己
最深的語言。

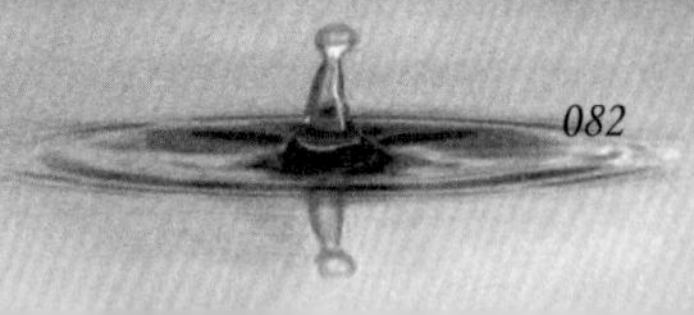

孤獨之三

智者是不拒絕孤獨的。

翻遍歷史的偉業，每一個世代真正改變或創造歷史之人——

都是從自己的孤獨中走出來的。

孤獨之四

當群眾迷失在大時代的意識裡，

只有在最孤獨的地方才能聆聽到——

屬於真理的聲音。

孤獨之五

那孤獨者，必然是曾用生命在一切苦難中真正流浪的人。
眾人的眼光不必再問，所有中人必須對自己生命質疑的事。
那孤獨者，必會是群眾找不到的心情；
隱藏在孤獨的背後，為的是對那時代無知的大眾做一種——
史無前例的「生命之翻動」。

孤獨之六

那孤獨的存在是人性對存在本身——一無所求最好的註解。
那孤獨者，即使穿梭在無盡黑暗中，也是唯一的明燈，
向世人明示每一個人心中的孤獨。
而當孤獨向群眾提出真理的吶吼時，

眾人的世界必將因此而改變。

孤獨之七

一生孤獨求無量真假的真假
一個孤獨求一世面對自己的清楚
我以孤獨守護我通往清楚的道路
孤獨是我唯一的護法
我看世人的眼光
世人沒有人想片刻活在孤獨的磁場

我愛孤獨
孤獨不曾離我片刻

夢中的人醒過來竟也是孤獨中的面對
人們在生活中孤獨的移動來移動去
我孤獨眼中看出去的竟也是孤獨中的世界
某一種孤獨的流浪
宇宙是黑暗中不可偵測的孤獨
我在虛空的包圍下
在永恆中
孤獨我永世的清明
無量劫的孤寂竟是那清澈一念的法喜
我以孤獨對自己神祕一笑

關心

家族不必從家族去看
真關心與假關心
都是自己的心
自己的心自己看
不看自己的心
不講別人
講別人不等同於關心
能關心的
不會有假動作
一切都要講給自己聽

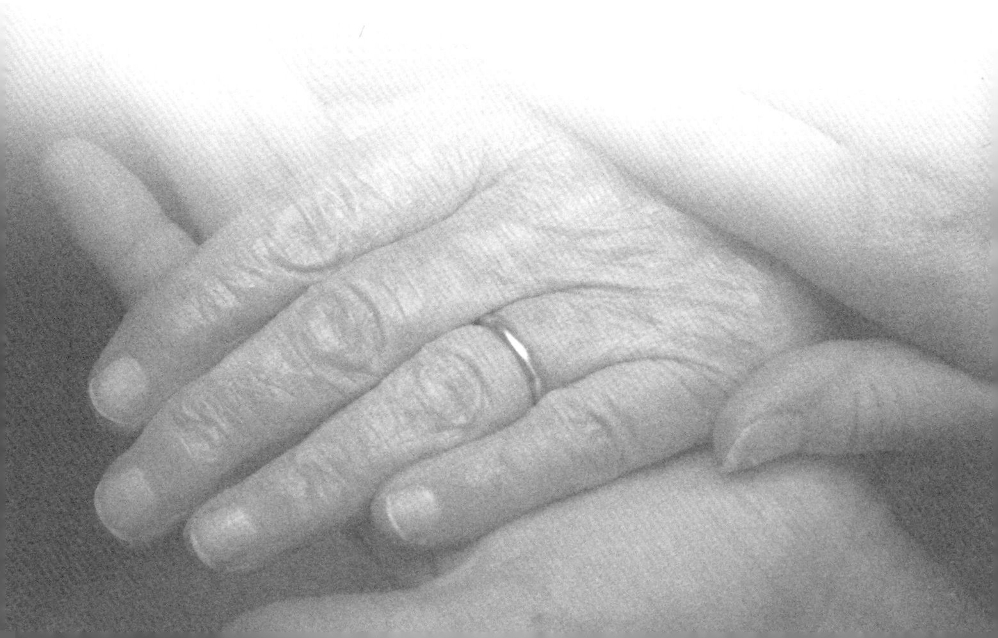

答案

以如此大的自主關愛
要能知恩
朋友知恩了義
於生活以一切動作回應
都以知己之心進行
事實是唯一的答案
問我以事實
請以事實解答自己的問題
答案在自問的當下
解答從自己自主開始

改革之一

智向一切開展
革命一切該革命的慣性
無聲的戰爭
無息的止息
無傷的人性
智向一切開演
沒有不能改變的慣性
每一個人
每一種智
改革自己自己改革

改革之二

從自己改革
是真改革
形成就是為了改革
請與自己生命對話
該說的已說
該做的已做
變動無不是為了更大的可能性
不願變動
將沒有任何機會
請把自己交出來

解答

想那麼多沒有必要的
還不能學會真正的關心
真的不知道自己在做什麼
能愛別人的竟然如此淺薄
歲月不饒人
人也饒不過自己的歲月
喜悅之道
從明白自己開始
生活帶來壓力
壓力帶來解決的答案

從自己開始

一切就從自己開始
如果人生不知道自己在做什麼
失落總是難免
人生少有驚喜
真能從自己開始
相信一切都會有一定的答案
形成自己的生命
形成自己的意志
以平凡對話自己
沒有不能解除的人生

沒有必要的

路總是要走下去
不在經驗多寡
心要開
沒有一定怎樣的形式
要問對
擔心也要擔心對
改變要改變自己
心能承受的
一定都是沒有必要的
當下來的煩惱當下解除

與自己對話之一

到頭忙來
到尾不知如何收
彼此說盡一切
一切道盡彼此
對某一些人不必跟他多說
還會多說
是自己尚有無知之處
交給對方為自己負責
時間空間都是他該付的成本
請他與自己對話

與自己對話之二

與自己對話
請清楚的告訴自己
人生如夢
夢裡的起舞
舞動自性的大愛
看清楚無法反轉的是些什麼
一定要反轉回來
時間不多
夢裡多愛自己
明白夢裡乾坤

唯一的路

我們要支持有益生命的事
從自身做起
死不再可怕
生並不代表重來
如果不知如何面對
生死亦毫無意義
世間的尊重
從自知開始
這一條路
唯一的路

自作自受

世間尊重之路
不要對下一代有不必要的態度
到此為止
對自己對別人
到此為止
辛苦都是自己製造
都是自己選擇的
回顧從前
每個場景都是自己種下的
請整理自己

逃脫

好久好久
從自己的監獄逃脫
是千古難題
滅絕慣性
滅絕就是另一種可能
不必存疑一切
人對自己
好久以來好久以後
千古不再有難題
千古不再有慣性

追尋自己之一

每一個人都在追尋自己
一路追尋
生生世世追尋
人不能自欺
成為自己心靈的罪
回歸自己
協調不同調的地方
同步邁開
追尋不再
自性自在

追尋自己之二

每一個人來到這個世界，其中的目的之一——
在天地間尋找自己
失去的靈性。

等候自己

自然自在
嘻笑怒罵
等來等去
等候自己
不必等候他人
人生

請給……

每個階段
皆有其必然
一種方式
成全一切

請給祝福
請給智慧
請給愛
請給自己心情
請給人生的建議
請給善意

如此而已
請給需要的人
需要的人
請給自己學會不再有需要的問題

擴大視野

傳送該傳送的
生活中的自己
一定有辦法改變一切
運用想像力
擴大視野
一種明晰的感覺

平凡

自然產生
自然傳遞
挑戰更多的可能性
給自己最大的機會

當機會來臨
抓住它
轉化它
成就它
放掉不必要的要求
平凡於機會的來臨

安寧

平凡於自己
平凡於他人
來臨時
平凡待之

世界安寧的感覺
沒有誰能觸怒誰
對自己堅持
再堅持
世界裡
內心的平安

交會

日子全新的層次
臉上有喜悅
更開放些
日子更安寧些

最難表達的
不必在任何境界
想溝通的
要先懂得傾聽
想理解這一切
先跟自己交會

權威

請從自設的陷阱掙脫吧
全神灌注
奠定好基礎
圓滿一切的交會

抵制所有的權威
先學習放下
經驗不是唯一
解脫經驗
經驗解脫
權威是一種病

逃避

人要自知
不建立不必要的權威
請給路走
走下權威的舞台

人
習慣於逃避
逃避於內
逃避於外
口中說
研究再研究

偽裝

思想說
分析再分析
表面的恐懼
人自己是否注意到

夜晚脫下一切的偽裝
偽裝成所有人的希望
希望真的會有希望嗎
想清楚
說明白
偽裝不再是偽裝

變動

放下所有的偽裝
看清楚自己的扮演
偽裝不等同於扮演
請扮演出真希望

一再變動
心在變動
互動在變動
誰也不能說誰
誰也能說誰
能給機會的不知道是什麼

放下

不能給機會的是自己的問題
希望在一切處
變動即希望
互動出一切希望

人際關係
如果你能
沒有不能結的緣
放下比較心
迴向生活
一切自在

我之一

內在簡樸
不再追尋
不必要求
自然擁有

是凡是俗
凡俗等同
一般凡俗
凡俗一般
我本如來
我本眾生

我之二

一如往昔
我本自性
一切當下
我本無我

我本無我
相對看待
因果看待
無我本我
一切與一
我即一切

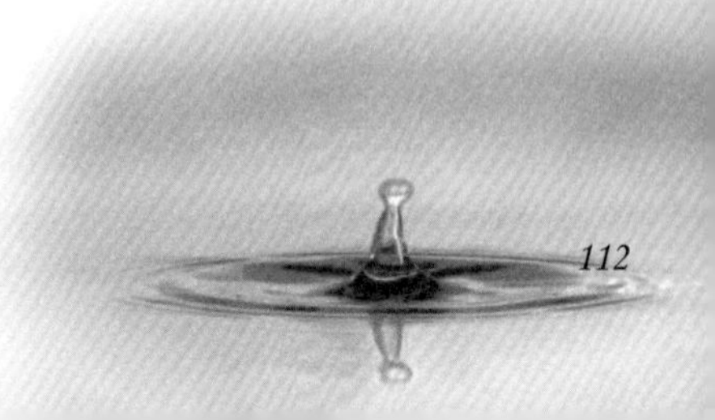

我即一
解除相對
相看兩不厭
自生歡喜心

逆向思考

面目是什麼
道德是什麼
對與錯
一向以為的
請逆向思考
機會乍現

假象

解放制約
還我本來面目
不在一切模式
就在一切模式

受困其中
其中受困
跳出其中
自解一切
還原一切假象
原來自己就是最大的假象

請形成
對自己
在不在其中
真相的生命意志

生命的可悲

生命可悲的事情就是對自己生活主張的無能為力。
生命力弱的人，生活本身散弱而無助；
平時，沒有自己的主意，
即使好不容易有了決定，若半途中，有人加入意見，
自己便沒有了主張。
這種人生命易失散，不知自己生命方向，

生活在各種流溢的陰影裡；
這等生命的柔弱乃源於對自己生命生存意義的不解與無知。

尊重

每一種生命歷經千辛萬苦來到人世，
都有它面對自己存在所要去圓滿的深情。
人必須學會對生命型式差異的狀況，
給予全然的了解與尊重；
而尊重是基於對生命的自覺而產生。

理解生命之一

唯有人重新找尋人生的真義，

恢復生命靈智來綠化對大自然種下的災禍，才有希望；
不然，即使再多的的補救工作也只是治標不能治本；
懂得生命才能令大自然恢復其自然美。

理解生命之二

若說生活的日子都是為了生命的完成工作；
為甚麼人們總是在後悔一生走過的全部？
人因為對自己不知所以然，
所以，生活便成負擔；
一生總是在遺憾與抱怨中流失；
對自己來到世間的終極意義總是遙不可及。

理解生命之三

人世的一切無不是在提供自己要清楚生命意義的生活信息。

真性情

一雙推動世界運行的雙手在那裏？
在擁有天真般真性情的人物身上。

不安

免於不安的有效方式，就是直接去面對另自己不安的事。

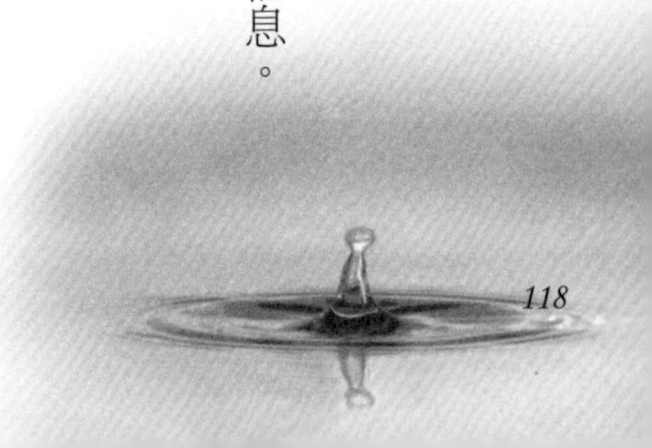

死亡

我們必須有所了解，死本身並不可怕，
可怕在於人本身對其「死」的存有無知。
對於死一無所知之人，其人在世間的一切有的擁抱，
都只是自己心靈的另一種形式的負擔。

生與死

不能知死的本然，焉能在「生」當中活出——
人自己真正的自然。
不能對死有一絲的了解時，那人只是生活的機器，
那人只是自己不能反省的生活假人。

品味

生活本身就是一種品味，品味什麼呢？
品味出人自己的個性，品味出人自己人性的各種風味；
真正的人格就是真正人性的生存品味。

存在的價值

人在其中而不受有形的限制。
人在紅塵而心卻是最自在的浪漫。
我們不必在生死之外尋求另一種流浪；
我們只要在生活的當下求證人性的尊嚴——
那就是在生死之中肯定自己存在的價值。

夢

在人性中，對「夢」的另一種解說是：
人不願看清楚自己最好的去處。
人們稱之為「夢」。

偉大的心靈之一

存在歷史上的一切偉大，
都是與人如何在時代中「成就自己偉大的心靈」相關。

偉大的心靈之二

在一切的時代理，

「偉大的時代」是被「偉大的心靈」所創造出來的。

時間的終點

想到時間的終點，在人即將在自己死的人生旅程中，
人是否在心靈放置了光明。
如果，死前的心沒有應有的光明。
如果，死前的心仍然無法寧靜。
那人的時間不必等到肉身的死亡，
那人早已結束了自己的靈性。

光明與黑暗

心靈沒有光明，

我們看出去的世界唯有自己心中的「黑暗」而已。

真理的故鄉

不必問我帶些什麼，到那裏的去處。
我雙手空空，所有的行旅都在自家的心靈存放。
我的朋友，我只是將自己的心靈帶在自己的身上，
而我唯一想前往的地方，只有：
那真理的故鄉。

神秘的力量

是什麼神秘的力量指引一切的生命，
神秘的來到一切的世界上？

是什麼神秘的力量，
逼使一切人在自己的生活中體會自己的苦難？
是什麼神秘的力量？
是不是來自心靈最直接的力量，
讓每一個人在自己的黑暗中放光芒。

生命問題

生命問題提出，在於提出真正關於生命的問題時，
生命的意義已在「生命問題」提出的那一刻彰顯了。
生命問題的提出，其可貴之處，
在於人給予自己反省生命問題的機會；
而生命問題提出方向，正好指出生命反省之方向。

而當生命之反省有其方向時，
人自己生命的旅程也已開始啟動了。

生命格調

有些人總在自己生活中說自己與生命之間的關係；
可是生活的品味卻沒有絲毫的生命格調。
我們只能悵然的說：
有些愛說生命之事的人，其生活本身卻與生命無關。

悲劇

人其實太注意存在四周發生的悲劇情節。
而人太疏忽在悲劇背後，應有之生命反省；

人只會檢視事件的表象，而對事件背後的——真理——
卻故意放在一邊交給哲學家去處理。
這是人性悲劇一再發生的根本原因。

生活思考

我們不妨要求每一個人在自己生活中，
養成對「生活事件」本身的思考。
在生活中自然的去思考，
會令我們無形之中知見一切最細微與最根本的問題。
自然的生活思考：
是人對自己生活自在而負責的最好方式。
也因此而不會失去生活中應有的智慧與幸福。

真理之一

真理本身並非是去定出一套統合一切的標準；
真理正好是去打破定於一的標準方式之後，
隱藏於背後的那一份「無限」的體悟。

真理之二

我們稱自己有罪時，
我們必然會如實看到我們自己心中的掙扎。
我們對自己坦白時，
世界必然會以安詳回報對自己坦白的人。
我們對自己誠實時，
真理就在我們眼前。

命運

我們每一個人生下來都想改變原先的命運，
因為，我們總以為別人的命運比自己好。
然而，當我們果真改變了命運時，
我們又開始想念自己原有的命運。
這一點，就是人活在命運之下，而又未能擺脫的原因。

罪

往內心世界去尋求一切罪的根源吧！
因為，那是唯一阻止犯罪的方法。
因為，那是唯一改變「罪之世界」的所在地。
往內在心靈世界，看清楚罪的原貌吧！

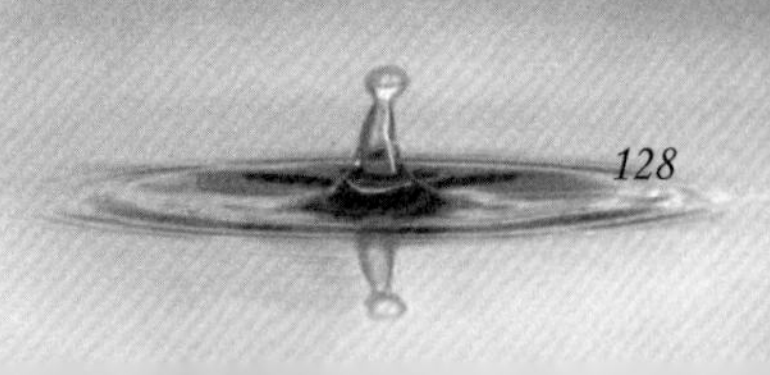

無知

無可否認的，往內在世界是唯一真能改變這世界的方法。
無可否認的，
在內心世界一切真正罪的原貌就是人對自己靈性的無知。

自性

一個人有行使自己意志的自由。
活了一切，為的只是這個目的而已。
一個人在有生之年見到自性，
那人的一生才算是完整的。

死了的歲月之一

人在世上沒有自己時。
那人自己的世界必然是死的，
那人自己的生活必然是沒有方向的。
人在世上沒有以自己意志行走在自己的日子裡時，
那人只有算日子過活，
一種死了的歲月。

死了的歲月之二

而世上有多少人是活在死的生活裡而不自知呢？
然而，只要是我們活著的一天，
我們必會在自己的生活當中，承受自己的痛苦。

我們恢復自己的靈性，才能恢復自己的自由，
成為自己生活的——意志行使人。

幻象之一

對於每一個存在，唯一能說的是：
人的生活在沒有行使自己的靈性之意志時。
人的生活只是一種幻象而已。
於是，孤獨和絕望是免不了的享受。

幻象之二

除了生活的幻象。
幻象本身也明白的告訴了我們自己：

我們只是自己生活的影子而已。
我們因沒有自己，
而必然被一切外在塑造我們成為他們生命的形狀。
除了生活的幻象，唯一的事實：我們沒有了自己。

害怕

痛苦是另一種美，
不必害怕，
害怕是想像的擴大。

生命的歲月

生命的歲月，

來來去去之間，
到底成長了多少，
失去的就是得到的。

自己之一

別人說什麼並不重要，
最終選擇的，
自己給自己說了什麼。

自己之二

鏡子裡外不是人，
因為不了解自己。

明白

人要明白的，要明白自己還有什麼不明白的。

向一切處張望

向一切處張望，
一切開花結果，
一切自然成。

總要走下去

給我一個暗示
給自己一些合理的藉口

對自己的了解

生命總要走下去
生活總要過下去
強迫性的忍受
任何保護所要作用的
如何明顯的表達意願中的不滿

一種性情扮演各種角色
一人孤獨於一人自身的模式
敬而遠之的是對自己的了解
經驗以外
總在尋求辦法建立生命關係中的流程

所要觀察的
必然通往

限制

唯一限制的
是放在誰身上的期盼
經驗中試圖分析與分類的
到底檢驗出塵埃往事多少的記憶
一切臉孔背後的面具
背影與陰影
我們終將如何面對
那唯一自我的限制

一隻螞蟻

我已經受夠了
一隻螞蟻爬到我身上
我驚覺毀滅
現實即夢境
一個小點切入最深的提醒
誰還在睡夢中

深沉

那一份深遠的領悟
苦難都難以容納
生命一路跌撞

牽掛

死亡是何等的親密
一再考驗的藍圖
生命仍有未療癒的深沉

每一個字句
天地慈悲的牽動
手掌來去的交替使用
不僅悲從中來
眼淚試圖表達
尚未解決的牽掛

質變

如果
我們對自己不說出真正的問題所在
我們請問自己：
還有誰
能夠對自己的存在做最清楚的質疑？

人類是自己最完整的生命存在形式
人類必須全面性面對世代空前的變革
不是一再的改變外在的環境
而是對自身存在的本質
進行空前革命的必要

人類對自身下手質變
才是真正的整個人類物種的提昇
這是人類
唯一可以給宇宙天地最大的莊嚴的禮敬
迴向地球對人類的供養
也是人類
給自己最後一次改變的機會

自尊

我的自尊
不想在一定的時間放下
當週遭的人檢視著大太陽底下的殘酷的輪廓時

也許未必
是我自己馬上要面臨粉碎的模樣

我以自尊
掩護我習慣的覆蓋
悠遊
會是我一杯咖啡時間的逃避
不管天地如何
我的臉孔
總累積著無法釋放的扭曲

看清

我看清週遭的人都是虛假的存在
我無法理解人類何時失去了自身的真實
回頭看我自身我為何能看清楚別人的虛假
難道最後的真實竟落在我自己的身上
但我將以何種的面對來確認自己是否真實
但唯我有真實的能力才能看穿世界的假面具

我通往真理自身最真實的存在
我以任何的可能尋求真理的感動
如果真實的視野已是我眼中必然聚焦的風景
我對自己授記的答案將會打破世人習慣性的假相
我在其中所有的假相沉澱出我唯一等同的真實

還原出來的事實必然是我真實以對的具體人生的印記
真假在共同生活的共振中
我唯一的真實確認世人假相背後的真理
我不被世代的真假混淆我自身傳承的真義

我以一切的假恢復所有的真
我以唯一的真承諾所有的假
不再重複所有的真真假假
而只在自己的存在中相應唯一生命的真實

真實

只有你是唯一的真實
你才能判別所有的真真假假
如果你不是那唯一的真實
你無法確認所有看出去的世界為何如此的虛假
當你確認你所存在的世界所有一切的虛假是如此的具體
那裡面只有一個答案
那就是你就是那唯一的真實

因為只有確認接受你是那唯一的真實
你才能夠如此真實的確定你所看出去世界的
虛假竟是如此的真實
因你的真實並沒有覆蓋在所有的真真假假之中

認知

而所有的虛假早已被你的真實所穿透
你唯一所要了解的是你本身為何竟是如此的真實
而真實的存在竟是你唯一的事實
而你將如何做最後的確認你是你自己唯一的真實
而當你確定世代的虛假竟是如此的真實
那就是同時確認你的真實也是如此的真實

一人的認知
不能成為眾人的覺知
眾人的認知
也未必是整個世代必然的真理

一人獨行
孤獨的絕望
往往演化出另一個新世代的傳承

最後的清醒

當最後的孤獨只剩最後的少數
在最後的世紀末
點一盞人性的光明
光明向何處照亮？

孤獨之前
有多少人對應那曾經有過的希望？
對應之後的考驗

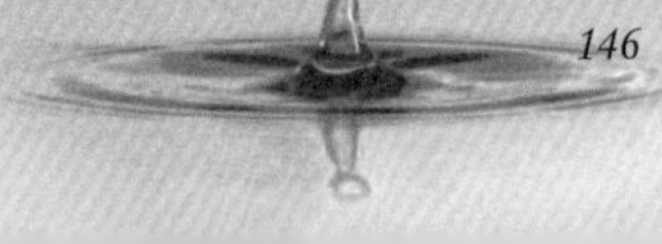

也只是某些人說一說的表面
人逃不過他以為的現實
殘酷也是另一種孤獨的呈現

剩多少最後的亮度？
燃燒之後
所有走過的烈士
祭祀在歷史的塵埃中
哭泣的眼淚
以孤獨洗面
以最後的清醒堅持革命當初的必然
歷史不能一再重複
改革之路總在孤獨之後

成一種光明的亮點

路

一條不知名的路
誰開著自己的習性？
擋住了別人試圖要前進面對生命的去路
生命的路多少來來去去
人性的考驗
路上的奈何橋
是多少人世通不過考驗之後的悲傷
無奈之餘
一條通往是否能解脫的路

誰也無法得知

所有的靈魂
都擁擠在一條不知名的人生道路上
已失去魂魄的行走
已無法挽回的曾經
你的靈魂走你傷心欲絕的後悔
我孤獨在自己更是無法面對的絕望
一條通往不知歸處的道路
是誰才有辦法得知路上彩虹橋通過的彼岸祕密的答案
一條路沒有回答所有走在路上的每一個人
一生的包袱扛在肩上
擠滿所有的人沉重的步伐

這一條人生的道路
一路走來
只有自己是唯一能叩問此生無悔的生命

選擇成為真正的自己

在所有的選擇中
都是一切路途的去向
只想問一個簡單的問題：
可不可以不做任何的選擇？

這是我真正的選擇

看盡人世間的各種選擇
選擇之後還是有著太多的選擇
人們為選擇而活
活在選擇之中
久而久之
竟也變成被選擇的對象

如今
我無法做出任何的一種選擇
別人一切的選擇
自己無限的選擇
我不想在選擇中成為被選擇的對象

所以
我做了唯一的選擇
我不想活在被別人選擇的選擇中
這是我選擇了自己唯一的選擇
當我不再有任何選擇的問題
我選擇了成為真正的自己

生命的本然

生命是一種本然存在的存在
生命之所以存在
也就是為了令所有屬於生命存在的自我
自然去感覺到自己生命本然存在的實質感受

所以屬於任何生命存在的感受
也就是整個時代本然具體的感受
而屬於生命 一切呈現出來的任何內涵
也將是一切時代的生命在共同的變動過程中
以一切的時空與形式反應出
一切生命本身具體的存在問題

PART

II

語世間

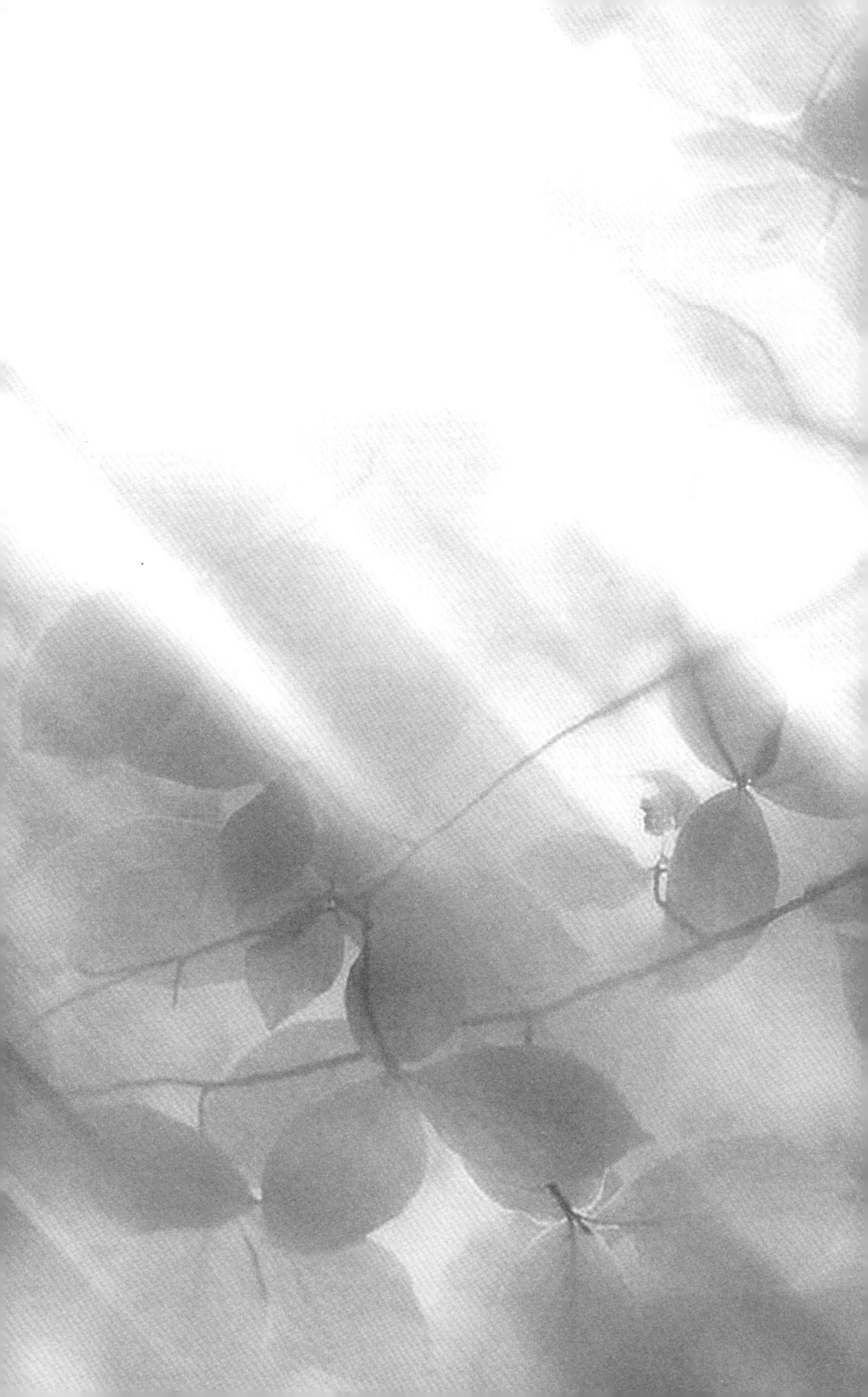

生活之一

生活越自然越好
不自然的生活，終必靠衝擊、矛盾
當作生活下去的最後藉口。

生活之二

生活中的生活，
改變中的生活，
沒有不能改變的生活。

奴隸

心境急轉直下
你是你辦公室辦公的工作奴隸
你是你情愛中的俘虜動物
於收場時
落幕的字幕
沒有你刻意留下的
人生。

先知

道德是一條道路名稱
通往人們思念的真善美
有一天小孩在道德路上說了謊

天下之人皆信
終於形成了今日世界面貌雛型
說謊小孩被歷史記載為
「道德先知」。

神佛

往廟裡走去
求神拜佛而所持的心情到底清不清淨
神佛全部撞牆
悲傷的冷眼看待世間冷暖
神佛早已無能為力
往廟裡走去

老百姓的心情
把神佛當作情緒發洩桶
神佛的三餐
竟全都是無知生命的殘渣。

路之一

每當下班之際
路像一條伸張不開的遊龍
被路過的大小機汽車玩弄且壓迫
路像極了女人
路像極了忍氣吞聲的百樣人生
有你的不幸我的無奈

每當下班的黃昏之際
路總是埋怨自己是跑不掉的
妓女。

路之二

路向一切延伸
沒有誰在盡頭
一切不必開始
改革的路
改革的理念
生活必須符合中道
永不回頭的路

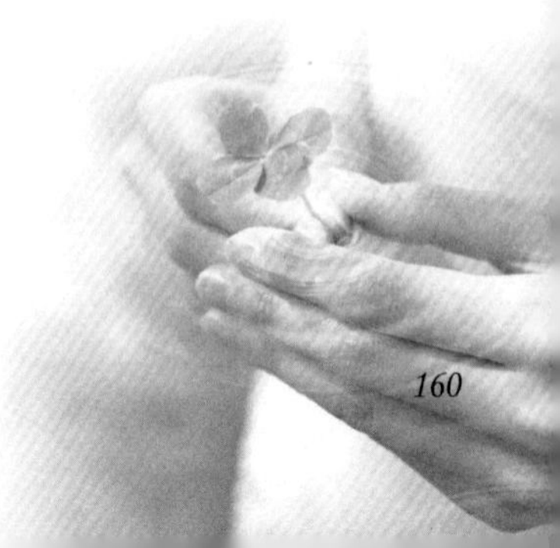

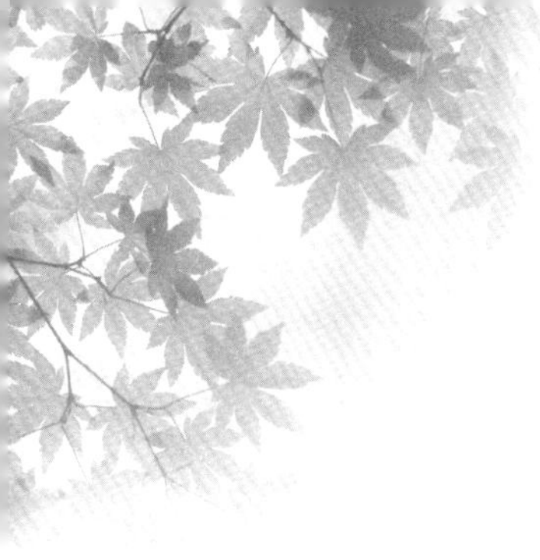

忙碌

心志早已確定
心路早已前進
事實的改變將是唯一的結果

生活的忙碌背棄了人性清淨面
生活永遠在忙碌
忙碌一種茫然無知的衝動
到底生命的盲點何時浮現
給予生活面對的機會
生活總有忙碌不完的藉口
之所以忙碌是為了有理由不面對自己。

無知之一

活在城市的節奏不堪理會
工作為的理由乏善可陳
城市的風夾雜塵埃
城市的雲是望不著的天際
在城市
人們都夢想擁有自己的一片天空
綠地不在
人的存活　生命是被自私包圍的
無知。

無知之二

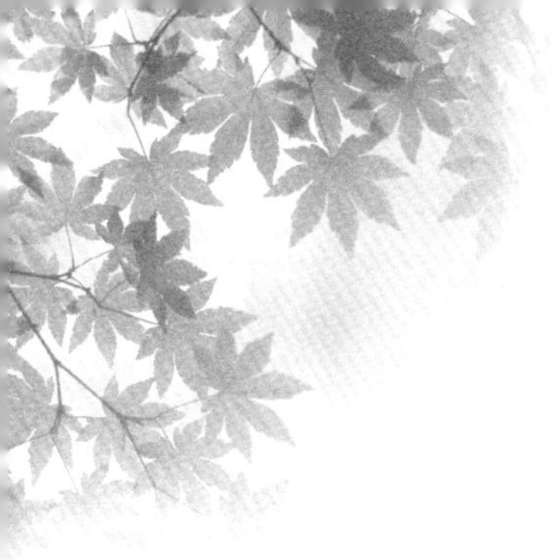

貪婪

無知的人們
不斷地用自己無知的雙手
在自己的日常生活裡
把自己人生的歡樂
不斷的倒空

追求品味追求時尚
穿在街上的感性滿街男與女的風騷
消費者是生活的另一個我們
社會逐日消耗地球資源
屬於心靈的世界人們早已不知其為何物

趕在時代前端
服飾流行人們貪婪的自私
大自然給予人的代價
全放在追求時尚的感性裡
大自然什麼都不用說
直到人類自食惡果那一天起。

現世

前往現實帶給人們必然的考驗之城
路就在眼前
擺在眼前的狀況不可名狀
想像中的全不是這麼一回事

根本是無效的生活
壓根兒保障都沒有
生活在現世卻不知前往的現世
如此單薄。

無根年代

一個無根年代
沒有華夏就生活的不愉快
沒有現實擁有人生就惘然
不說話是智者的自處
獨自心傷而時代的劣根性加強污染
能自然自處在一個無根的年代

生命

風華歲月到處都是來路不明的人
若問生命有為何事
一問三不知再問也惆悵。

準備好生平的事業
要做多少事就要有多少心力
仔細看看今日反省的內涵
還有人在玩弄生命的事業
終是要付諸人世
早與晚實無差別
朝朝暮暮天涯終究要到臨。

克服與超越

克服與超越
都是自己人生本份。

愛

愛我所愛
不會改變
擁有的人生不停的改變
能改變的是自己更有能力的愛。

塵世

塵埃中也有快樂
不知有誰符合
理想中的喜悅
或者，一切所追求的
只會是一種不符合自己的夢
塵世間有歡笑
只是不知這一切
在背後主導的
會是怎樣的臉色
凡在塵埃中打滾過的
必有一番自己風霜
唯一想知道的

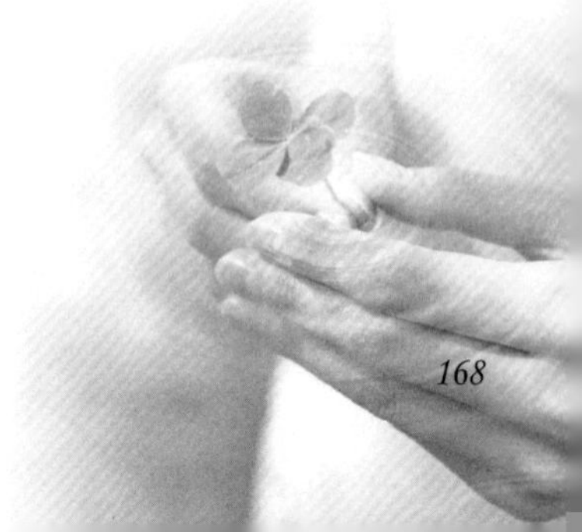

悲哀

何人是一切的主引

悲哀在人們的心中敲著
傳說悲哀的主人
是每一個人自己半夜被自己不安嚇醒的惡魔
傳說中悲哀駐足在人間
有它傳說的任務
為的是將所有把命運交給第三者的人，
給予他們永生永世的悲哀

醜陋

美人走出來
世人都用會心的微笑迎向她
美人終於要離去
美人希望世人不要忘記她
而美人竟忘了告訴時間
叫時間停留
美人最後竟變成世間的醜陋

人生路

路是無窮的延伸
延伸到人們最不自在的地方

旅人之一

路往那裡延伸
人性都在沿路把它的問題
放在路邊丟售
而買去的人
都是相互交換人性醜陋的人

在緘默中說出你最後的話吧
旅人，在天涯
你走了多少傷心的路
旅人，在天涯
你見過多少傷心的人

旅人，在天涯
你聽過多少傷心的故事
旅人，在天涯
你還剩多少傷心的時間
為你流浪天涯的原因
說出最後的
結果
旅人，
請你在你的緘默中
為你流浪天涯做
最後的申訴吧！
旅人

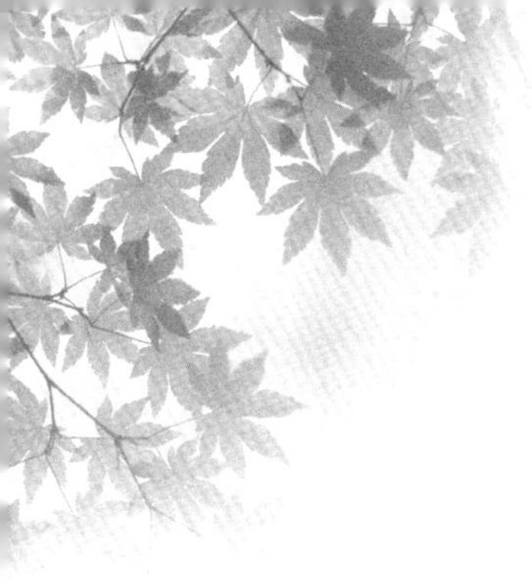

旅人之二

旅人
你一定要走嗎？
當所有的人在他自己擁有的夜晚沉睡時
旅人
你自己的夜晚在哪裡
是否旅人的流浪是沒有睡眠的權利
旅人
是否人們沉睡在他自己的世界時
是所有旅人
流浪天涯的時刻

追尋

每一事件之中
必然會有真理的存在
能不能因此尋覓
端在是否有一顆深邃的心
話是不必再說
人活在世上都在追逐同一種想念
免於存在的矛盾
用盡各種方法之後
生活中的任何一件事
絕對不是偶然

人生

人生不可能不想的事
該做的是否已做
不該做的雙手必須停止動作
前進的路
沒有時間再思考
再想下去
只是一種茫然
不可能的都已成為自己人生
歲月交給歲月
想與不想心中的路都必須前進

相逢

總有相逢的時候
相逢於彼此覺察的時候
到底缺少了什麼
到底擁有了什麼
遊戲非遊戲
自由進行
打破知識
打破傳統
用心相逢
彼此清楚彼此

改變之一

目的在於行動中的改變
試圖要固定是一種難
不必固定
不必依循
不必繞路
春夏秋冬自來自去
任何的墮落
皆可成全另一種可能性
行動中的改變
改革一切

改變之二

一線之隔
一念之間
當下牽動
當下解除
沒有不能的變動
沒有不能的開展
不問一切好壞
幸與不幸自自然然
滿天的智慧
得與不得自在人心

面具

有人
自尊拿不下來
一生的假面孔
向四方扭曲變形
不自知亦沾沾自喜
一生無任何機會
嘴巴不成形
口不成樣
舌頭不知如何進出
一張拿不下來的臉

歌

讓歲月自己唱歌
唱出一切
完美一切
沒有目的
自然的狀態
自在的歌唱
人生唱出人與人之間的互動
就是這樣
沒有不可能的歌
唱出每一個人自己的心情

命運

命運的安排是必然的嗎
承受是一條路
不承受是一條路
命運非命運
必然未必是必然
當下的必然
不可能的路
一定能走的路
自己安排的路
誰也不能代替安排的路

真相大白

停止一切譴責
一切對一切
一對一
止息該止息的
還原真理
真相大白
大白天下
天下自明
無有是非
是非自止息

迎刃而解

迎刃而解
解除不能解除的
理想開創一切
一切自開創
原則能改變
原則能放下
平靜分析
一切自有道理
找到原因
天下沒有奇怪的事

難免

難免衝突
難免耗損
難免無能為力
局部的就讓它局部
局部中看全局
難免的就不必避免
順其自然
隨緣自然
干擾自然
如是來如是去

變局

如是而已
思考一切變局
外在的變局
人性的變局
生活的變局
思考放下思考
變局放下變局
人性放下人性
一切變動
如是而已

一念之間

念頭一起
一起天下變動
變動天下
一念之間
風雨再造
變革再造
人性再造
心靈再造
一切再造一切
就從一念起

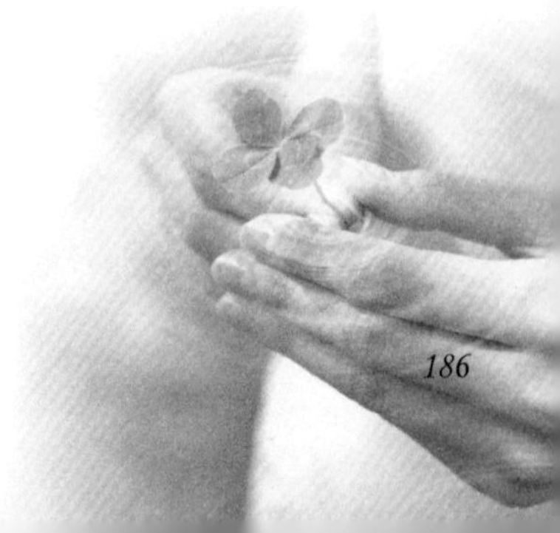

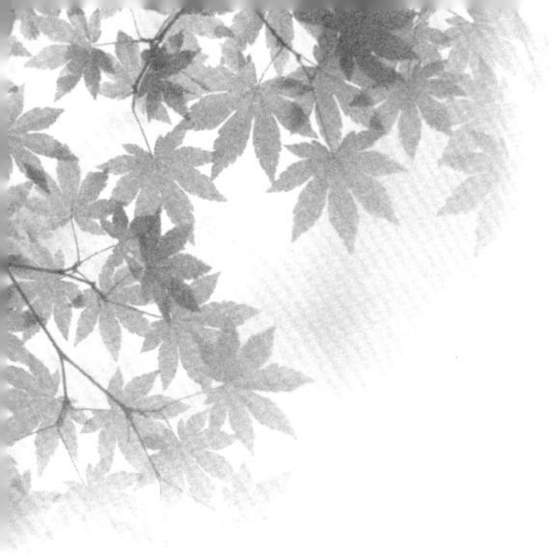

唯一的

唯一的真理
唯一的實相
不必研究
自然反應
自由自在
打破形式
不必要的
自然不必要
要的
不必主動去要

工作之一

沒有人性的工作，是沒有把人當人看待的工作——
其中只有令工作者本身——在工作中失去自我。

沒有人性的工作，工作者只有壓抑自己的情緒，
為了只是把真正的自己改裝成工作所需要的樣子。

沒有人性，工作本身只會不斷的貶抑人性應有的尊嚴；
我們必須對這個時代提出符合人性的要求：
工作的意義不再是為了單純的生活問題。
工作的意義在於人找回自己的人性。

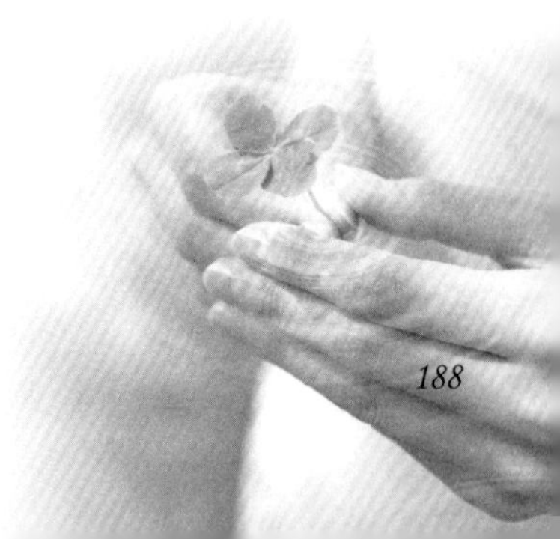

工作之二

若果說工作只是為了填一份生存的溫飽，
那麼人不必為工作的高低而爭一口氣。
若果說工作本身無法再進一步的賦予「人性的思考」，
那麼，
我們在工作中求得了根本上是跟「人性」沒有任何關係的。
工作——是人對自己在世上呈現自己的方式，
我們不能也不可以忘記
「人性」是人在生活工作中必有的「考量基礎」。

工作之三

很多人都需要工作

更愛工作
那就讓所有的人好好的工作
把要面對自己的一切全部轉移在工作
工作累了
就彼此說一些非常表面的話
假裝良善的過完這一天

我不必工作
我竟有一天二十四小時完整的時間面對我自己
我沒有任何可以轉移的對象
以另一種角度去看
我已在形式上超越了面對所需要的對象
時間與空間都是我唯一獨自完整的面對

活在現代

活在現代——

我的工作就是面對我自己生命的一切
工作不必是共同或各自理解的工作

面對眾人在工作中所得到的各種安心的假相
我寧可選擇直接面對
沒有任何可以掩蓋的真實
全面性的曝露我在孤獨中尚有存在的問題
面對的本身不會有任何的憑藉
真理是無可攀的另一種自己存在的狀況

痛苦變成一種高級的人性享受。

活在現代——

再也沒有人願意為自己做一種長遠的沉思工作。

活在現在的人群，沒有自己是唯一的自畫像。

每一個人都很認真的在自己的生活裡，畫自己人生的想像。

而每一個人又是那麼的

不敢用自己的心力去認同自己的想像。

現代人之一

然而，對現代人的「現代生活」，

我們唯一能用的字眼去形容——那只有無智兩個字。

現代人之二

現代人都用脫離生命的理解，來決定生活上的一切取捨。
脫離生命的理解——
是人對自己存在最不負責任的生活行為。
我們能允許的只有一種：
按生命的意志對自己及這個世界做一種「智慧的取捨」。

現代人之三

每一個人都在自己忙碌的工作中，
認真的以為自己在為自己尋求自己生命聯繫的管道。
我們只能說：我終於失去了自己，
在寂寞的人群中，迷失生命的方向，正是我唯一的方向。

這正是現代人最佳的寫照。

現代人之四

當我試圖用自己的生命去愛這個世界時，
我才發覺「愛」必須是對生命真正了解時，
愛才能對這個世界存有正面的功效。
現代人的生活存在著一個很大的危機：
那就是每一個人似乎都不太需要他人的關懷。
難道是現代人的獨立性強的原因？
還是現代人工作的忙碌令人彼此忘了相互關懷的心情？
我們坦白的說：
這是個要求彼此主動相愛，相當困難的時代。

超然

假若人真能相愛。
人與人之間的相互效應，必須超然於一切的誓約，
因為生命之外的約定都是因形勢而改變的。

合法化

我們的世界充滿了「表面」的合法化。
每一個人臉上刻滿了不自然的笑容；
當人的世界被「合法化」之後。
人的意志就被合理化。
而在整個世界的合法標準中，人只有去適應的權力而已。
除外的，都不再存在了。

算計

掌握所有文明文化的節奏
時空的經營高手
訊息藏於乾坤之間
有利可圖的機會
投資於命運的奧義
滿足於圓滿的假相
說穿了
都在來去的生計中算計

各種的劇碼

關於生活

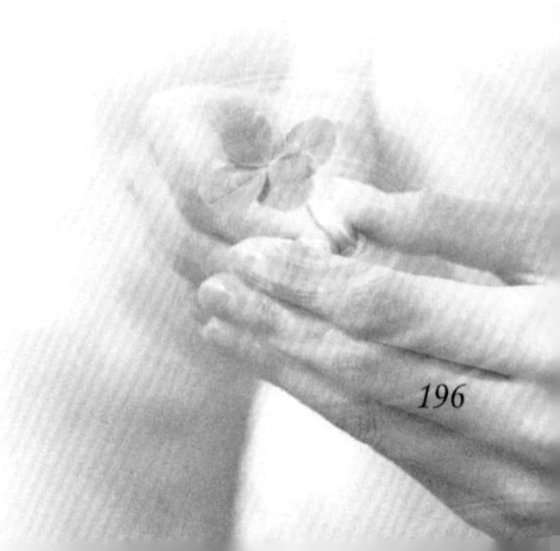

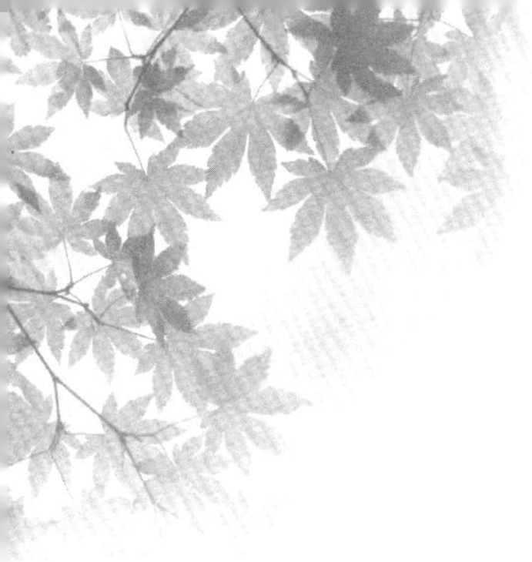

街頭文化

任何訊息都在反應馬不停蹄的節奏
提出所有的需求
人背離一切的關係
走過的路
向一切方向
導演人生各種的劇碼

街上
到處令人不安的節奏
人們都在製造彼此不安的恐懼
有人習慣

有人還在掙扎著
不安變成一種街頭的文化
恐懼已經是人們生活中的主流

不必多想
不敢多說
只要不碰觸那黑暗的一角
能活著
就在街上假裝微笑

說一些無關的話
日子過去了
沒有改變是唯一的改變

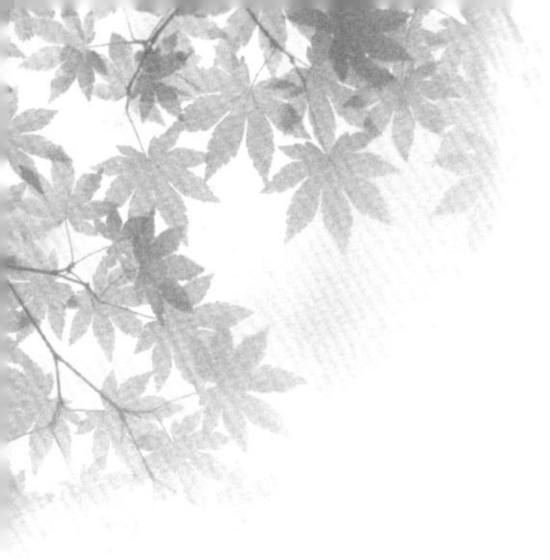

機會

當機會在手中的時候
請問你將做怎樣的判別
如果當下的判別是一時情緒的衝動
而這個判別竟關係到多少人必然的生死
這樣的機會請問有誰敢握在自己的手中

機會不會一直等在那邊讓有緣的人做判別
機會可以在任何人一生中任何的歲月
機會可以不必在上帝指定的某一個人選
任何的機會都在審判著每一個人一生中的分分秒秒
我們必須對事情做出各種必然的選擇
而各種形式的選擇就是對各種機會本身的判別

我們要選擇主導機會本身
還是我們要活在面對機會選擇的不安恐懼中
當機會不再時
是否終極鬆了一口氣
從此我們喪失了面對選擇的能力
而從此以後
機會也沒有再握在自己的手中過
原來機會不是一種選擇的判別
而是面對態度的本身就是機會存在唯一的事實

情緒

轉移的時空

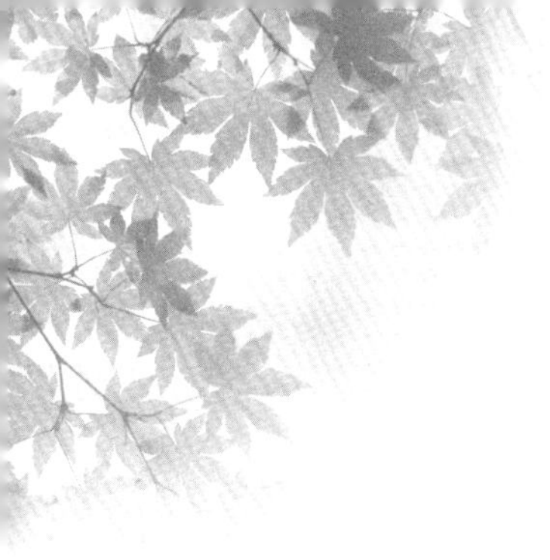

所要移動的會是怎麼樣的傳說？
說出來的悲傷是誰禁不住的眼淚？
所有的動作
總要做出對別人刻意的交代

可是
別人是有著累世以來習慣的標準
不相應的要求
成為生活中振盪的原由
生活中移動的身影
無盡延伸成人性無法彼此滿足的訴求
一念貪婪
收不住的就在當時的想法

是非

人性竟是如此脆弱
情緒的傳遞
已是到處充滿人間的怨尤

有人把神祕的做法說出去
誰是當事者
心中何等的不舒服
向誰發洩所有的情緒？

告解於天地
不能說的為什麼要向不對的人說？

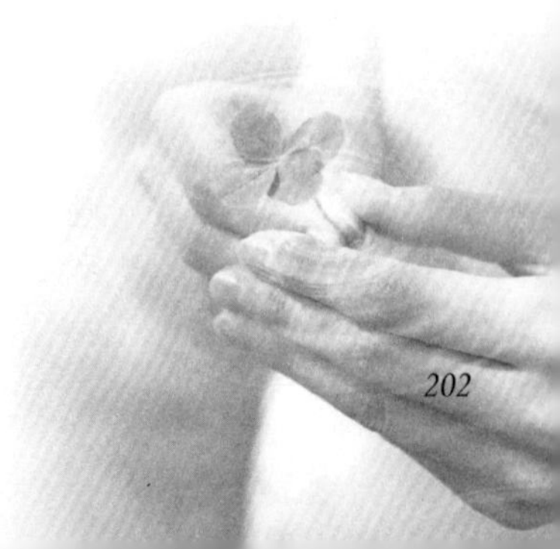

表面的說法
把平常的人際帶過去
任何的說法
竟成為能說與不能說之間
無法選擇的取捨

說出去的人是無關緊要的第三者
有關的當事者
竟是得知的關係人

誰在訴說誰與誰之間的秘密
說來說去的
都已不是真實的那一面

說不出去的
早已是人性最脆弱的一面

人們的訴說並不需要真實的證據
說別人的事件成自己情緒的宣洩
說著說著
說別人的人
早已是別人所說的當事人

各種說法一種結果
人們都在是非中
說自己做過的是是非非
說別人的是非

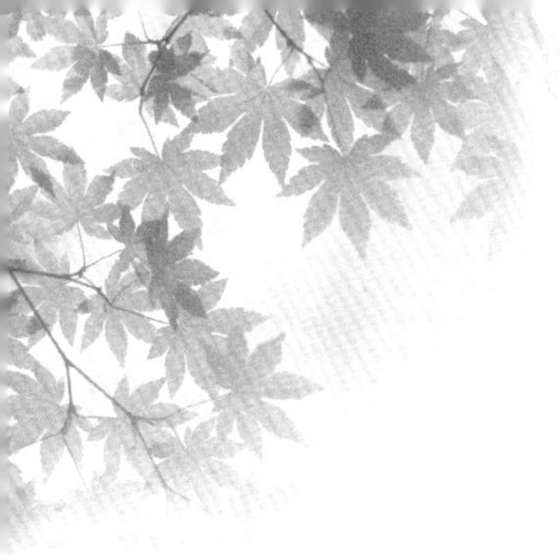

已是在做一種是非的動作

退路

如果還有後退的路
那天地最後容身的地方
是否有誰的善意在等待那人性最後的一念？
後退是不是就是一種不面對的心情？

如果前進也只是另一種後退的選擇
前進到無法前進的時候
後退到無法後退的情況
前進是在後退之後的考量

後退是另一種自欺的安慰

可悲的不是路的選擇
遺憾的必然是無法選擇的困頓
一時評估的障礙
卻是累積永世無明的覆蓋

一再考量別人的立場
錯將他人的在意成為自己人生的牽絆
風雨過後
留在人間的
沒有任何自己選擇過的痕跡

人世塵封

人世間的狀況
就是這麼一回事
平凡的無聊起來
所有的訴說都是一再重複的是非
人在平常的歲月中做一些不知所以然的事情

每一分每一秒
都在人世的無知中
啊！自己過成成不了氣候的自己

日子是一種平常的習慣
誰的人生是世間的平淡？

過度無趣的寧靜
誰都以為圈起來的範圍必然是沒有危險的保障
世人的對待是人世間塵封的心情
不想回頭
竟看到前進的路只剩人世間無法後退的身影

意識型態

人有一種不可形容的識性
習慣拿意識去識別各種人的個性
意念的意識
是生生世世一個念頭的意識行為
每一種人

每一種意識的卑微
識別出人們慣性的分別
意識竟成今生今世每一種人性的形式

有誰拿自己分別的意識
意識到自己的分別？
識別別人各種分別的人性
卻意識不到自己意識下傷人的個性
我的意識是我意志下的分別
我意識不到的
是各種意識中早已審判過後的各種類別
一種意識無法識別出各種意志
人們眼中的意識型態
是彼此各種不同看待的分別意識

無法自在

無量的意念
無盡的識別
在無窮盡彼此的眼神中
都活在別人的價值
成為意識型態下判斷的影子

最有利益的條件
根本不會發生
光天化日之下
夢中收到的訊息

變成各種現實的考量

過多的妥協
太多的不安
條件不是情感裡的理性
失常的行為
在觀念扭曲之後
投射在不同夢中的國度

想完全的放鬆
危險已是生活中的常態
現實的利益
夢中的幻影
誰也無法在人世中太自在

PART Ⅲ 訴衷情

漂泊

不自覺的充滿愛之情懷
是的，無知的人滿街追逐
而情愛仍然漂泊在
滿街追逐情愛者的
內心深處。

佔據

愛的辨證歷程
說明了人在自私之餘
仍把愛拿來佔據
自己。

滄桑

緣起生與死的悲歡離合
而生與死符合世間獨飲的滄桑
（就在昨夜依然記得追逐愛情、必然在最後選擇之後
生與死輪迴成情與愛的悲歡離合）

剎那

從時空某處攜一份末世情愛
試圖給予生命毀滅時
最後的剎那
而於剎那處逼近永恆之可能
而妳的生命擁抱末世男女必然的結局

相愛所繫的癡狂
尋求世紀毀滅後情愛的清亮。

愛情

不要相信愛情
在生命的清晰尚未明朗之前
愛情必將迷惑你
而通往所有省思的誠意必將失落

擁抱

擁抱的人總是遲遲不來
夢裡的世界

珍惜

不該醒的人該具備何種心情
縱使追問傷痛該止於何時
仍然忘不了　擁抱是傷痛的開始
夢醒　該來的人還是遲遲不來。

不必再去愛無知遊戲
生命能知的人必當自我珍惜
不必再去理會情字的解意
了悟了生命
愛與情合而為一
不必再去為愛情釐定真義

寧可自在的一人世界
除非對方是清淨與唯一
把該擔負的留給對方去情愛她自己。

打擊

如何承受打擊
你我之間試著了解異樣心情
愛是否可以商量改變
如何承受四面八方要求改變聲浪
溫柔的對待
是對你唯一所求
忘掉所有相思

我還是想念你給予我的打擊。

愛之一

愛說愛的人到處招人買愛
愛可以待價而沽
凡是出得起價碼的
論斤論兩的出售
看是要大愛小愛還是兩性之愛
親情之愛早已售空
至於大愛則乏人問津
這個多變年頭有什麼愛都是多餘的
愛是口頭說說的禪話

不用負責的。

愛之二

愛到最後
愛是留不住的句點。

愛之三

愛到永遠
所有得失皆已消失。

愛之四

愛之五

愛是一種對自己的發現
發現自己的存在
喜歡於形式上不定的變動
所以內容都因愛而躲避隱匿
誰也不願
在無知中表達自己
原始的意念
愛是一種無限的可能
天堂與地獄彼此爭執
因為所有關於愛的存在都已改變

真相要如何解釋

對自己的愛
必須從觀念改變起
觀念不能改變
是不懂愛的人
是沒有能力愛的人
是不清楚自己的人
因為人生遺忘了些什麼
一定要嘗試拾回些什麼
才可能給自己最後的機會

愛之六

愛的大用能延伸到一切世界

回來可以看的更清楚
心智成熟
志業的路越來越接近
沉澱必然的落差
愛在燃燒
愛更無我
愛一切的對象
如一的愛
如一的心意

愛之七

真正的愛就是對自己在生活中，做真正的尋求。

愛之八

人之所以不能愛他自己，並不是人真的不想去愛他自己。
人之所以不能愛他自己，乃是：
人在世上還沒學會以一己之力來愛自己
——這才是問題所在的地方。

愛之九

人之所以不能愛他自己，
除了人對自己本身存在的不夠了解之外。
最主要的是：
人對自己的生活不能要求一種「徹底」的生活。

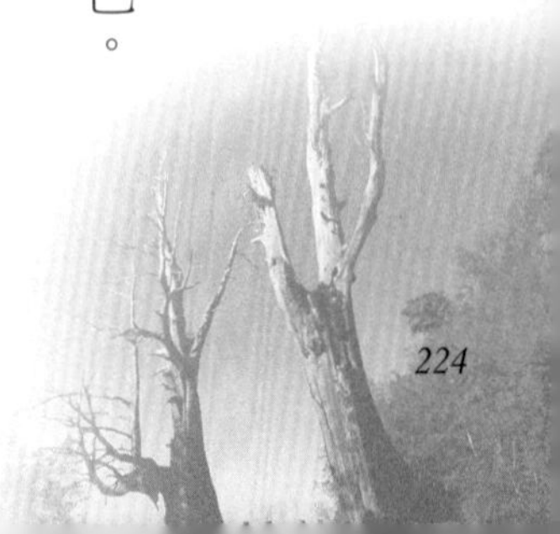

愛之十

而人要果真能全然以一己之力「徹底」的愛他自己
人只有完全從他人愛的依附中「解脫」出來。
現代人最大的生活困境是：
他們的存在事依附在別人的身上。
而自己只要有金錢上的能力，
現代人就能「買」到自己一時需要的愛。

後悔

是誰在後悔
愛到最後風緩緩吹過
在溫暖感覺裡

慢慢走過夢裡冷冷的心灰
而愛的希望紛紛散落。

孤單

面對孤單
享受孤單
愛在孤單裡打破自己情執
不必問回頭必不必要
要問的孤單已把答案記滿
我終於明白
一生做完有所不該
孤單是伴我唯一享受的愛。

思念

思念是多餘的情結
記憶不再
人如何在分手的冬季溫暖
人生請你為自己重新安排
思念是多餘的纏綿
請把細雨淚水
送往愛的墳場紀念。

不變的守候

這是真的嗎？
一切事物都那麼容易改變

情境

大地之美雖然無窮無盡
一切事物隨時都會改變
到底有沒有一種守候
叫做不變

不必陷在情境當中
男女通通在自己的預設裡
走上不可能的路
路在反應問題
路給一切的可能
前進的方向

情境擋住了誰的去向
情境也是路
預設也是路
自然改變所有的情境走上所有的路

婚姻

兩性結合為的是在進行合居的共存生活中，
經歷陰陽兩性的自省，
在婚姻生活中直接從對方所具備的生命特質，
觀照自己生命不足之處，作為改進的依據。
所以，兩性結合是為了各自生命完成；
另外意義在於多數生命的全體完成；

因為兩性結合正代表一個家庭的基礎；
而一對生命清楚的兩性，自然會產生自在的下一代，
更進一步成就社會大我的磐石。

相愛

相愛的人啊！你們真的以為愛是那麼容易建立的關係嗎？
相愛的人，我們真的不能任性的在自己行走的世上，
隨便的建立一切相愛的關係。
因為，
相愛本身是一種對自己及對方生命負責的互動關係啊！

愛情

我們真的不必在生命之外尋求任何屬於「愛情」的可能。
如果，我們沒有能力全然用自己的生命來親愛我們自己。
那麼，在這裡我們要坦白說一句：
沒有能力用生命愛自己，就沒有能力愛別人的生命。

世間情

世間的情愛，到最後會牽出那麼多的悲劇，其問題在於：
當事者本身不曉得自己需要怎樣的事。
去愛一個人是很容易的，本然的，
在一切誠屬人性的運轉中，
人是很容易對另外一個人有感覺的。
尤其是那些對自己感覺不是很清楚的人們。

把愛找回來

把愛找回來——就是把自己的生命找回來——
找回來一個清楚的自己。

真愛

人活在世上，唯一而真正訴求的，
無非是一份「真愛」而已。
可是，人一生當中能得到真愛的能幾人。
有的，天底下只有一種人才有可能得到真愛：
那就是用真愛活在世上的人。

思念的輪迴

思念的愛
不拘形式的重疊在孤寂的蒼茫中
日夜是苦難最得的心情寫照
千百年的歲月
只為了一種莫名的感動

曾經
彼此以生死告別某一世的情緣
當相思在另一世的牽扯中進行未了的情緒
原來
所有的想念
竟是另一種一再回首的輪迴

前世的錯誤

你是我久別重逢的生死
對這樣子的巧遇
竟不知是哪一次前世的錯誤
你不知輕重的表達
已是我不堪負荷的心情
你在某一世走過的身影
竟成我今生心中無盡的陰影
無法擺脫你追隨而來的戀眷
我的方向都有你等待的影子

如今
所有的時空都無法評斷人生的某一種情結

你在你的存在中告別我必然的無情
我在我的承受中預設我來世無法知情的情境
你我都已經在所有的過往中
累積太多彼此無法沉澱的歲月

國家圖書館出版品預行編目資料

與自己生命對話 / 陳炳宏 著 --初版--
臺北市：博客思出版事業網：2012.11

ISBN：978-986-6589-86-7（平裝）
1.修身
192.1 101021515

心靈勵志 18

與自己生命對話

作　　者：陳炳宏
美　　編：鄭荷婷
封面設計：鄭荷婷
執行編輯：郭鎧銘
出 版 者：博客思出版事業網
發　　行：博客思出版事業網
地　　址：台北市中正區重慶南路1段121號8樓14
電　　話：(02)2331-1675或(02)2331-1691
傳　　真：(02)2382-6225
E—MAIL：books5w@gmail.com或books5w@yahoo.com.tw
網路書店：http://store.pchome.com.tw/yesbooks/
http://www.5w.com.tw/
博客來網路書店、博客思網路書店、華文網路書店、三民書局
總 經 銷：成信文化事業股份有限公司
劃撥戶名：蘭臺出版社　帳號：18995335
香港代理：香港聯合零售有限公司
地　　址：香港新界大蒲汀麗路36號中華商務印刷大樓
C&C Building, 36,Ting, Lai, Road, Tai,Po, New,Territories
電　　話：(852)2150-2100　傳真：(852)2356-0735
出版日期：2012年11月 初版
定　　價：新臺幣250元整（平裝）
ISBN：978-986-6589-86-7